体育礼仪
理论与实践探析

张 娜 著

吉林大学出版社
·长春·

图书在版编目(CIP)数据

体育礼仪理论与实践探析 / 张娜著.--长春：吉林大学出版社，2023.9

ISBN 978-7-5768-2576-3

Ⅰ.①体… Ⅱ.①张… Ⅲ.①体育－礼仪－研究 Ⅳ.①G80-05

中国国家版本馆 CIP 数据核字（2023）第 214208 号

书　　　名	体育礼仪理论与实践探析
	TIYU LIYI LILUN YU SHIJIAN TANXI
作　　　者	张　娜
策划编辑	黄国彬
责任编辑	黄国彬
责任校对	王默涵
装帧设计	繁华教育
出版发行	吉林大学出版社
社　　　址	长春市人民大街 4059 号
邮政编码	130021
发行电话	0431-89580028/29/21
网　　　址	http://www.jlup.com.cn
电子邮箱	jldxcbs@sina.com
印　　　刷	三河市腾飞印务有限公司
开　　　本	787×1092　1/16
印　　　张	9.5
字　　　数	200 千字
版　　　次	2023 年 9 月　第 1 版
印　　　次	2024 年 1 月　第 1 次
书　　　号	ISBN 978-7-5768-2576-3
定　　　价	78.00 元

版权所有　翻印必究

前言 PREFACE

　　礼仪是人类为维系社会正常生活而需要遵守的最起码道德规范,它是人们在长期共同生活和相互交往中逐渐形成,并且以风俗、习惯和传统等方式固定下来的交流行式,礼仪属于一个人的外在道德表现,能体现一个人的思想水平。同时,礼仪也是一个国家社会文明程度、道德风尚和生活习惯的反映。

　　体育具有简单明了、日常生活需要、人人参与的世界共通语言品质。在各类体育活动中,体育礼仪一直贯穿其中。在举办的国际性运动会上,各国的运动员、教练员、体育官员以及观众,有不同的肤色,穿着不同的服装,说着不同的语言,有着不同的生活方式,用不同的行为方式表达自己的喜怒哀乐。这些种族和文化的差异,在一个狭小的时空范围内聚集,尤为引人注目。在这种氛围中,人们可以摆脱各自文化带来的偏见,在不同文化的展示中,看到的不是矛盾与冲突,而是人类社会百花齐放、千姿万态的文化图景,从而使文化差异成为促进人们互相交流的动因。人们可以以世界公民的博大胸怀,去认识和理解自己民族以外的事物,领悟到各个民族都有着神奇的想象力和巨大的创造力,学会尊敬其他民族,以比较客观和公正的态度去看待别人和自己,虚心地吸取其他文化的优秀成分,不断丰富自己,从而使奥林匹克运动所提倡的国际交流真正得以实现。

　　古老的中华民族源远流长,在五千年历史发展的长河中,创造了灿烂的文化,形成了高尚的道德准则、完整的礼仪规范和优秀的传统美德,被世人称为"文明古国,礼仪之邦"。体育礼仪也是源远流长的礼仪文化中的重要组成部分。近年来,随着我国国力的不断强盛,竞技体育高奏凯歌,体育健儿在一系列重要国际比赛中取得了优异成绩,极大地鼓舞了全国人民的爱国热情。普及体育礼仪文化知识,提高教练员、运动员、裁判员以及体育工作者和广大观众的体育礼仪修养,具有重要的现实意义。

本书通俗易懂,深入浅出,具有实用价值和指导作用。本书的出版将为运动员、教练员、裁判员、体育工作者和从事体育运动的体育爱好者提供有益的帮助,并且对于提高我国民族文化和体育礼仪素质以及提升我国的国际地位有着积极的意义。由于作者水平有限,书中难免有疏漏之处,欢迎同行和读者批评指正。

编 者

2023 年 3 月

目录 CONTENTS

第一章 礼仪与体育礼仪概述 ·············· 1
    第一节　礼仪文化形成与发展 ·············· 2
    第二节　古代体育礼仪的基本内容 ·············· 5
    第三节　现代体育礼仪的基本内容 ·············· 7
    第四节　体育礼仪的文化功能 ·············· 10
    第五节　体育礼仪的实用价值 ·············· 12

第二章 体育活动者的形象礼仪 ·············· 21
    第一节　仪容礼仪 ·············· 22
    第二节　服饰礼仪 ·············· 26
    第三节　仪态礼仪 ·············· 30
    第四节　语言礼仪 ·············· 32

第三章 体育活动者的社交礼仪 ·············· 43
    第一节　交往礼仪 ·············· 44
    第二节　聚会礼仪 ·············· 52
    第三节　旅行礼仪 ·············· 60
    第四节　国际礼仪 ·············· 64

第四章 体育运动员的礼仪 ·············· 71
    第一节　运动员的礼仪修养 ·············· 72

	第二节 赛场礼仪	75
	第三节 颁奖礼仪	93
	第四节 面对媒体的礼仪	94

第五章 体育观众的观赛礼仪 97

	第一节 速度性项目观赛礼仪	98
	第二节 耐力性项目观赛礼仪	102
	第三节 准确性项目观赛礼仪	103
	第四节 对抗性项目观赛礼仪	105
	第五节 综合类项目观赛礼仪	110

第六章 校园体育的礼仪 113

	第一节 校园体育竞赛中的礼仪	114
	第二节 校园运动场馆观赛礼仪	116
	第三节 体育场馆锻炼礼仪	119
	第四节 校园运动员礼仪	120
	第五节 体育课堂常规礼仪	121

第七章 体育工作的常用礼仪 131

	第一节 体育仪式礼仪	132
	第二节 体育会议礼仪	135
	第三节 体育签字仪式礼仪	139
	第四节 体育外事礼仪	141

参考文献 144

第一章
礼仪与体育礼仪概述

第一节　礼仪文化形成与发展
第二节　古代体育礼仪的基本内容
第三节　现代体育礼仪的基本内容
第四节　体育礼仪的文化功能
第五节　体育礼仪的实用价值

体育文明，首在礼仪；体育行为，当讲礼仪。体育文化发展的一个很重要目标就是促进体育文明，并且让其来推动人类文明生活的不断发展和进步。在这样的大环境下，本章会从礼仪文化形成与发展、古代体育礼仪的基本内容、现代体育礼仪的基本内容、体育礼仪的文化功能、体育礼仪的实用价值五个方面来具体地分析礼仪与体育礼仪之间的联系。

第一节 礼仪文化形成与发展

中华民族有着五千年的文明历史。千百年来，它创造了灿烂的文化，形成了高尚的道德准则和礼仪规范。礼仪是我国传统文化的重要组成部分，对社会和历史的发展有着重要的影响。礼仪涉及方方面面几乎渗透于社会的各个方面。因此，礼仪文化的形成是一个漫长的过程，大致可分为起源时期、形成时期、变革时期、强化时期、近代礼仪和现代礼仪六个发展时期。

一、礼仪文化的形成

（一）礼仪的起源时期（夏朝以前）

我国礼仪发源于原始社会时期，在原始社会中、晚期（约旧石器时代）出现了早期礼仪的萌芽。早期出现的礼仪形式简单朴素，而且没有一定的等级划分，这与原始社会的发展息息相关。其相关内容包括：制定了明确血缘关系的婚嫁礼仪；区别了部落内部尊卑贵贱的基本礼制；规范了人们在祭天仪式上的一些行为规范；制定了一些人与人之间表示礼节和表示恭敬的动作等。

（二）礼仪的形成时期（夏、商、西周三代）

人类进入奴隶社会后，统治阶级为了巩固自己的社会地位，将原有的宗教礼仪发展成为奴隶社会政治需要服务的礼制，礼被打上了阶级的烙印。至此，我国首次形成了比较完整的国家礼仪和制度。例如，"五礼"就是一套适用于社会生活各个方面的行为规范和道德标准。我国有许多经典的礼仪书籍就是在这个时期所写的，如《周礼》《礼记》《仪礼》，这些都是我国最早的礼仪专著。

（三）礼仪的变革时期（春秋战国时期）

春秋战国时期，学界百家争鸣，以孔子、孟子、荀子为代表的诸子百家对礼进行了研究和发展，系统地阐释了礼的起源、本质和作用。通过深入地探讨与分析，全面而又透彻地阐述了社会等级秩序的划分及其意义。孔子认为礼仪非常重要，是治国平天下的基础，也是一个人的立身之本。他提倡"仁者爱人"，强调人与人之间要有同情心、相互关怀、相互尊重。孟子把"礼"解释为对长辈和陌生人虽严肃却又不失恭敬的态度。他认为"礼"是人善性的发端之一。而荀子认为"礼"是一种人生哲学，其思想的核心是把"礼"当作人的基本目的和最高理想。"礼者，人道之极也"。他认为"礼"既是目标、理想，又是行为过程。

（四）礼仪的强化时期（秦汉到清末）

在我国两千多年的封建社会中，不同朝代的礼仪文化虽然具有不同的社会、政治、经济和文化特征，但它们也有一个共同的特点，那就是礼仪一直为统治阶级所利用，用以维护封建社会等级制度。这一时期礼仪的一个重要特征是尊君抑臣、尊夫抑妻、尊父抑子、尊神抑人。在漫长的历史演进过程中，礼仪逐渐成为一种精神枷锁，阻碍了人类自由发展的个性，阻碍人与人之间平等交往，制约人类思想自由发展。在整个封建社会中，礼仪包括国家政治礼制和家庭伦理礼制。这一时期的礼仪构成了中国传统礼仪的首要组成部分。

二、近代礼仪文化的发展

中国进入半殖民地半封建社会后，出现了众多的礼仪思想，与礼仪相关的道德规范和价值观正在被宣扬和传播。在1911年辛亥革命后，受西方资产阶级"自由、平等、民主、博爱"等思想的影响，中国的传统礼仪规范和制度受到了强烈冲击。随后的新文化运动中清算了颓废落后的礼教，继承、完善、传播了符合时代要求的礼仪。那些繁文缛节逐渐被抛弃，同时接受了一些国际上通用的礼仪形式。中华人民共和国成立后，逐步建立起以平等相处、友好往来、相互帮助、团结友爱为主要原则的具有中国特色的新型社会关系和人际关系。

由此我们可以看出，礼仪文化的演变与发展有其内部的思想哲学根源。历代统治者都把礼仪作为确立伦理道德观念，调整人际关系和社会生活的准则。在礼仪方面，儒家文化是正宗主流的代表，儒家的礼教影响着我国几千年文明的变化，成为中华民族文化之精魂。儒家提倡"礼教"，提倡以修身、以真诚为本，认为在各种伦理关系中，"以诚相待"是礼仪的最高境界。为了实现社会的和谐统一，儒家把各种人与人之间的关系分为五类，即君臣、父子、兄弟、夫妻、朋友，称为"五伦"。君惠臣忠、父慈子孝、兄友弟恭、夫义妇顺、朋友有信等各种人际关系都规定了相应的道德规范。这些道德原则转化为具体的行为规范，就是各种礼仪。此外，道教崇尚自然无为，主张废除礼仪道德；法家主张以法代礼，实行强权政治。这些流派分别影响着后世礼仪的发展，形成了灿烂多彩的中国文化。

礼仪文化在中国有着重要的文化形态，它既包含了一套以仁、义、礼、智、信思想为中心的文化价值观念，也包含了一系列的以古代礼节、仪式思想为内容的现代风俗习惯。这些古老礼节的进一步形成和发展，是整个人类文明发展史的一大结晶与特殊标志。由此应当看到，礼仪文化在其发展和演变的过程中，一方面起着调节、整合、润滑各种社会关系的作用，作为一种无形力量制约着人们的行为，使人们循规蹈矩地参与社会生活，达到国泰民安的目的；另一方面，礼仪文化中的繁文缛节又逐渐成为妨碍个性自由发展、阻碍人们自由交往、禁锢思想自由的枷锁，逐渐被时代所抛弃。每一个时代的仪式和礼节都会有所变化，礼仪的演变随着时代的发展而加快，但其所蕴含的基本精神，即相互尊重和信任、信赖及友谊，从来都是一致的。

三、现代礼仪文化的建设

随着中国与世界交往的日益频繁，礼仪从内容到形式都在不断变化，现代礼仪的发展进入了一个新的发展时期。各行各业的礼仪规范相继出台，礼仪讲座和礼仪培训也越来越普及，人们学习礼仪知识的热情空前高涨。

随着我国进入社会发展的新时期，国家多次提出，要认真吸取中华民族优秀传统文化的思想道德精髓，把中华民族的优秀传统文化作为培育社会主义核心价值观的重要源泉。

在此背景下，国家对新时代公民道德建设提出了总体要求和重点任务，并对深化道德教育进行引导。由此可以看出，要推进公德建设，加强公民道德修养，就必须将礼仪文化与社会实践相结合。以礼文化为核心内容之一的中华传统文化，积淀了中华民族深厚的精神追求，代表了中华民族独特的精神认同。它不仅是我们增强文化自信的力量源泉，也是我们在世界文化中站稳脚跟的基础。为此，必须科学分析中华礼仪文化的思想内涵，使其成为培育社会主义核心价值观的重要源泉。

第二节　古代体育礼仪的基本内容

东西方的体育文化是在不同的文化背景下诞生并发展起来的。无论是在儒家思想影响下形成的集强身健体、品德教育、娱乐竞技于一体的东方体育，还是在希腊文明影响下形成的奥林匹克运动，礼仪都是古代东西方体育文化中的核心部分。

一、西方古代体育礼仪溯源

礼仪是一种全球性的文化现象。西方礼仪文化的发展已融合了礼仪文化的各种元素。作为礼仪的一部分，体育礼仪的诞生、发展和奥林匹克运动密切相关。古希腊是西方文明的发源地，也是奥林匹克运动会的发源地，甚至是西方礼仪文化的诞生之地。古代奥林匹克运动起源于希腊，而古希腊的礼仪尤其以雅典文化为代表。

西方体育形成于公元前8世纪至公元前5世纪的古希腊。当时，古希腊由众多城邦组成，战火不断。各城邦为了打赢战争，积极训练士兵，军事训练和体育比赛是训练士兵的有效手段。后来，伊利斯国王与斯巴达国王签订了"神圣停战月"条约，意在将备战军人的体育比赛和军事训练发展成为友谊与和平的盛会。在古希腊的一些活动中，人们用健全的肢体比赛来表达健康，用舞蹈来表达美，意为人们一起共享欢乐。后来，这种活动逐渐演变为地方比赛。经过漫长的历史演变和发展，终于在公元前776年第一届古代奥运会诞生。此后，这项展现民族精神的古代奥运会规模逐渐扩大，比赛的获胜者将获得棕榈编织的花环、野橄榄和月桂等。

从古代体育的发展史可以看出，体育一开始就带有政治军事色彩，在表现形式上遵循传统礼仪。随着社会的发展和文明的进步，体育逐渐走向自我发展的道路，竞技体育开始规范化、专业化，最终形成了独具特色的现代体育礼仪。

以奥运火炬传递为例。为了表达希腊故事中对火的崇拜，古希腊人经常举行一些特殊的比赛，如手持火把比赛等，以传递火炬的形式来表达对自由与和平的向往和祈祷。公元前776年，人们举行了隆重庄严的仪式，点燃了火种，随后进行传递，奔赴希腊各个城邦。圣火就像是一个具有至高无上权威的圣令，同时意味着"神圣的休战"。集火之法是圣火纯度的重要保证。圣火是通过半圆形凹面镜将阳光集中采集而成的（凹面镜今天也用于收集奥运圣火）。虽然当时的寺庙已不复存在，但现代奥运火炬接力的点火仪式仍按照古老传统继续进行。

二、我国古代的体育礼仪

就中国而言，古代君子的必修课是六艺，即五礼、六乐、五射、五御、六书、九数。六艺教育的实施是按学生年龄段和课程深度依次进行，有小艺也有大艺。书和数是其中的小艺，属于初级课程；礼、乐、射、御为大艺，为高级课程。

古代还有"五御"之礼，如"过君表"，意思是驾车经过国王时，要顺畅、安全、快速地通过，不要惊慌失措，由此说明在这种场合要严肃，意为尊重。

《左传》中有这样一个故事：周襄王时期，秦军出征途经洛阳。士兵们并没有按照礼仪向周天子表示敬意，而是大声疾呼行军。所以周朝一位大臣说，这种没有文明礼仪，没有纪律观念的军队，打仗是一定会输的。

我国西安秦始皇兵马俑博物馆展厅内，秦始皇陵东南内外城之间出土了数件真人大小的"百戏俑"，均腰系短裙，上身和四肢露在外面。在四川成都出土的东汉画像砖上，三名男子也疑似赤着上身表演。类似这样的运动还出现在古代的引路、相扑等活动中，这在古代其他场合是很少见的。古代陶俑和画像是社会活动的文化写实，陶俑和画像的出现说明这种社会活动在古代并不是偶然的。

中国历来是一个高度重视礼制的国家，在几千年的社会礼制中，以体育为代表的传统礼仪一直在延续。中国古代体育礼仪不仅注重形式的运作,更注重我们身边的日常行为规范。孔子认为道德修养的主要手段是知行,指出知识是道德修养的起点,要引导社会成员知仁、守礼、行义。

当前,中国体育逐渐走向世界,在举办大型国际体育活动中,中国现代体育礼仪文化得到了推广和发展,西方礼仪与中国传统礼仪逐渐融为一体。体育礼仪文化逐渐深入人心,成为构建社会主义核心价值观的基础。可见,在体育历史的长河中,体育礼仪文化的产生和发展无疑彰显了人类文明的进步。

第三节 现代体育礼仪的基本内容

一、体育礼仪的含义

体育运动是人类创造的一种特殊的社会文化活动。作为人类社会文化最重要的组成部分之一,全人类普遍认同体育运动和公平竞争的道德核心、价值体系和价值标准。发展体育就是促进体育文明,用体育文明促进全社会的发展和全人类的和平与进步,促进经济繁荣,改善人民身体条件,提高意志和素质,丰富文化生活,振兴民族精神,促进对外交流。

自人类社会诞生以来,礼仪就出现在社会生活中。可见,体育礼仪是指在体育运动中表现出相互尊重和友谊的行为规范。而礼仪文化在体育文化活动中的运用,也是其中重要的部分。

有学者认为,体育礼仪是指人们在体育活动和实际训练中,以道德为核心,按照一定的程序和规则,表达公平竞争、自律和尊重他人的行为规范。体育礼仪的内涵是以文明、规则、道德来捍卫和促进"相互了解、友谊、团结和公平竞争"的体育精神。此外,体育礼仪内容多、标准高,通常包括体育仪式、体育外交礼仪、体育社交礼仪、体育礼仪、教练员礼仪、运动员礼仪、体育赛事礼仪、观众礼仪等。

也有研究者认为,体育礼仪的内容体现在不同的体育项目的参与人员不同,表现形式也不同。运动会礼仪包括开幕式、闭幕式和颁奖仪式。体育仪容礼仪,

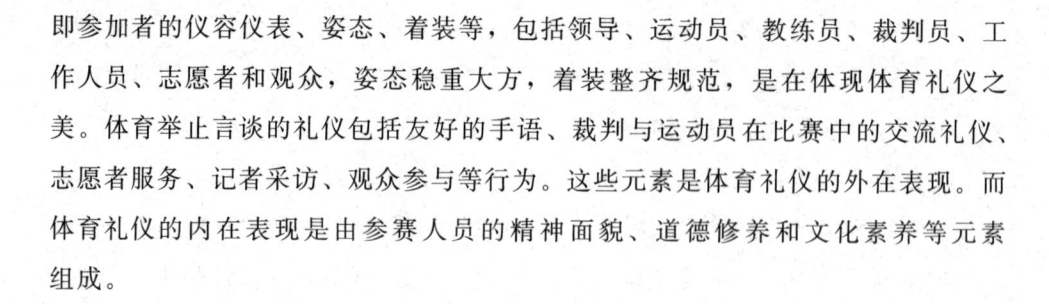

即参加者的仪容仪表、姿态、着装等,包括领导、运动员、教练员、裁判员、工作人员、志愿者和观众,姿态稳重大方,着装整齐规范,是在体现体育礼仪之美。体育举止言谈的礼仪包括友好的手语、裁判与运动员在比赛中的交流礼仪、志愿者服务、记者采访、观众参与等行为。这些元素是体育礼仪的外在表现。而体育礼仪的内在表现是由参赛人员的精神面貌、道德修养和文化素养等元素组成。

二、现代体育礼仪的内涵

现代体育是人类社会文明生活的重要组成部分,现代体育礼仪是在不断继承古代体育礼仪基础上丰富和发展起来的。现代体育礼仪对于规范和促进人的生活方式、举止言行乃至全社会的文明,都有着不可替代的作用。

(一)现代体育礼仪是文化素养的体现

体育礼仪作为体育文化的重要组成部分,体现了文化的精髓。现代体育礼仪的发展和演变体现了体育文化的发展和演变历史,同时从一个侧面反映出文化的发展和演变历史。中国体育礼仪从无到有经历了几千年的发展,反映了每个特定时期的经济条件和文化背景。由于现代体育在西方起步较早,体育礼仪的发展和相关研究也比较成熟,而历史悠久、内涵深厚的东方文化,在现代体育礼仪文化建设中却很难体现出来。但在21世纪之后,中国体育文化在现代体育礼仪的"西学东渐"过程中实现着中西文化的融合共存,如2008年北京夏季奥运会和2022年冬奥会的成功举办。

同时由于对体育礼仪的认识和重视程度不一致,某些地区的体育礼仪文化的理论研究十分落后,缺乏相应的体育礼仪知识和学习和培训渠道,礼仪普及程度与体育礼仪文化所需的群众基础相去甚远,人人知礼、人人懂礼、人人守礼的良好社会风尚还在逐步形成,在实际操作层面也存在诸多缺陷,规范的操作模式和评价标准尚未形成。

体育礼仪包括对参赛者、观众和裁判的尊重。运动员的文明礼仪是比赛本身的一部分。良好的比赛礼仪体现了运动员自身的人文素养和综合修养。现代体育礼仪对不同体育运动项目、不同体育活动、从事不同体育事务的人群都有相应的体育礼仪规范要求，尤其是对专门从事不同职位的体育人员有着不同的礼仪规范要求，而其本身也是一种职业道德的体现。

（二）现代体育礼仪的快速传播

各国的礼仪、风俗，无不以传统的历史文化为基础。中国礼仪经过漫长的历史演变，已经成为具有东方特色的中国文化传统内容。中国礼仪面临的一个紧迫问题是实现现代化。可以说，体育礼仪是中国礼仪文化在现代化道路上一个很好的探索成果。

随着经济、文化、政治、外交全球化时代的到来，体育礼仪在全球体育之间的相互融合、相互影响。现代奥林匹克运动会是中外现代体育礼仪最好的诠释。

以奥运会颁奖仪式为例，其规范经历了很长一段时间。在首届现代奥林匹克运动会颁奖仪式上。由于主办国认为黄金低俗，只给冠军颁发了一枚银牌、一张证书和一个用橄榄枝做成的花环。第二届巴黎奥运会的成绩并没有以金牌、银牌、铜牌来分类，而是在几个月后发给每位参赛者一枚长方形的纪念奖牌。第三届圣路易斯奥运会首次根据奖项类别向前三名选手颁发金牌、银牌和铜牌。在第四届伦敦奥运会上，奖牌上首次出现了"奥林匹克运动会"字样，而不是像前两届那样刻上"世博会"字样，成为真正意义上的奥运奖牌。第五届斯德哥尔摩奥运会首次订购了不同高度的领奖台。运动员们根据获得的金牌、银牌、铜牌在领奖台前列队，金牌、银牌、铜牌由不同代表发放。第八届巴黎奥运会在比赛结束后并没有正式公布最终排名，也没有升起获奖国家的国旗，也没有在闭幕式上举行颁奖仪式。直到1932年第十届洛杉矶奥运会，才首次规定每项赛事结束后立即发放奖牌，并设立颁奖台，运动员按照相应的名次登上相应高低的台阶。从此，颁奖仪式基本统一规范，并发展成为现代奥运会的颁奖仪式。

因此，随着现代奥林匹克运动会成为世界范围内展示知识文明和礼仪文化的舞台，体育礼仪无处不在，成为体育运动不可或缺的一部分。

近年来，随着国际体育交流的发展，特别是随着奥运会在世界范围内的传播，西方体育文化开始在世界范围内传播，包括高尔夫球、网球、足球等项目特定的礼仪方式和文化内容。随着场地的规范，各国纷纷成立了自己的赛事推广部门，通过赛事的传播和组织传播体育赛事特有的礼仪规则，同时传播相应的文化。

第四节 体育礼仪的文化功能

体育礼仪作为一种体育文化，根本意义是尊重参与体育运动的每一个人。所以体育礼仪文化强调相互平等、相互尊重。无论是以奥运会为代表的西方体育赛事，还是东方传统的民族体育赛事，又或是国际性的体育赛事，参赛双方都必须尊重自身礼仪的文化功能。"以诚为本"的精神体现了相互学习、相互尊重和平等的体育礼仪理念。尊重对手、尊重裁判、尊重公众，才能在各项比赛中赢得荣誉，赢得尊重；促进全球团结，与世界拉近距离。而关于体育礼仪文化功能的具体内容可分为以下七个方面。

一、体育礼仪具有促进和谐、维持秩序的功能

体育礼仪文化支撑着整个体育赛事的秩序，连接着每一个环节，维系着赛事的平稳顺利进行，从开幕式、比赛过程、颁奖仪式到闭幕式的体育礼仪过程，每个环节都决定着了体育赛事活动的成功举办。所以，体育礼仪具有促进和谐、维持秩序的功能。

二、体育礼仪具有美化和感化的功能

仪容、服饰、礼仪是一种无声的语言，展现着一个民族的灵魂和修养。每个国家运动员的服装颜色和图案都诉说着这个国家的文化，代表着这个国家的精神。例如，第三十一届里约奥运会中国代表团依然采用传统的红色作为基调，中间穿插着金黄色，象征着中华民族的欣欣向荣。澳大利亚代表团的配色与黄绿色的运动旗保持一致，带有澳大利亚人的纯朴与纯真，好像带我们来到了澳大利亚独有的阳光与牧场。

三、体育礼仪具有示范、劝阻、灌输等教育的功能

在很多运动的赛场上，体育礼仪具有示范、劝阻、灌输等文化教育功能，如篮球场上裁判员的手势加上吹哨就表示对运动员的犯规行为发出警告。在足球比赛中，裁判吹响哨子并出示黄牌警告球员不得再犯规。开幕式的裁判员宣誓礼仪提醒每一位裁判员要恪守"认真、严肃、公正、准确"的工作方针，确保体育赛事的顺利进行。

四、体育礼仪具有塑造形象的功能

形象是对外交往的门面和窗口，得体的礼仪是自尊自爱和受人尊重的基础，是立足和立业的源泉。礼仪运用得当，不仅可以在社会交往中塑造良好的社会形象，还可以为自己和他人带来欢乐。体育礼仪的精神内涵是道德修养，外在表现是一系列的规范行为。体育礼仪的最终目的是塑造良好的外部形象。

五、体育礼仪具有约束、规范功能

体育是一种社会活动，礼仪是一系列的社会行为规范，对人的行为有很强的约束作用。体育礼仪是体育运动中的一系列行为规范，对体育运动参与者的行为也具有较强的约束作用。在社会生活中，每个人都必须遵守社会规范，约束自身的行为。社会规范包括法律规范和非法律规范。法律属于法律规范，礼仪属于非法律规范。法律是对公民的行为采取必要的约束和规范，是对道德的补充和完善。

六、体育礼仪具有感召教化功能

历代君主和各行各业的圣贤都认为，凡事都要以礼为治，以礼为教。例如，《论语·为政》中说："道之以政，齐之以刑，民免而无耻；道之以德，齐之以礼，有耻且格。"主要意思是说用明文规定去引导百姓，使用刑法来约束他们，百姓只是为了免于犯罪而受到惩罚，并不一定具有廉耻之心；但是用道德教化和引导百姓，使用礼制去统一百姓的言行，百姓除了有羞耻之心，还会遵守一定的规矩。因而可清楚地表明，古人对礼仪的社会作用有着比较深刻的认识。体育是现代社会最流行的文化活动之一。体育礼仪作为体育文化活动的重要组成部分，对社会

具有很强的影响力和教育作用。

七、体育礼仪具有协调、沟通、促进和谐的功能

"不学礼，无以立。"礼仪是一门科学，是一门必修课，是人际交往的"通行证"。体育礼仪鼓励人们保持正常的社交生活，协调人际关系，以满足通过示范、劝阻、评价等方式达到礼仪要求，避免不必要的冲突。

体育礼仪的基本目的是尊重每一位运动员，体育运动是一种大众化的爱好，所以观赛者、不同国家的运动员、教练员之间必然存在差异，尤其是在大型国际赛事中。如果每个人都懂礼仪、知礼仪、遵守礼仪，就可以促进合作、交流、学习，采纳彼此的想法，这也是民族文化的核心。

第五节 体育礼仪的实用价值

价值是相对于内容而言的客观存在，价值也是对于事物本身而言的，是事物本身所固有的某些特征，但是对价值的认识又受到作为主体的"人"在实践活动中的认知能力所限制。因此对体育礼仪的实用价值认知需要通过体育礼仪的职能、学习体育礼仪的意义、体育礼仪修养的培养途径三个方面来一一体现。

一、体育礼仪的职能

(一)树立典范

1. 运动员的典范作用

我国古代有"礼以节人"之说，孔子曾说："质胜文则野，文胜质则史。文质彬彬，然后君子"。这里所说的"质"指的是本质、人格、人的道德修养，"文"指的是容貌、举止、言谈。只是人品好，但不符合礼仪要求的行为，会让人觉得粗俗野蛮；只注重表面的礼仪，而没有崇高的道德修养，肯定会让人感到虚伪、华而不实，甚至令人厌恶。只有把外在的礼仪修养和内在的品格修养紧密结合起来，融为一体，才能真正成为一个有礼貌、有教养、受人们欢迎的人。

第一章　礼仪与体育礼仪概述

运动员的着装仪表、言谈举止、赛场上的行为规范，直接影响到公众对他们的评价，而他们所塑造的形象具有极大的影响力。如果一个运动员的运动能力超强，但举止粗俗，衣着邋遢不整洁，也会被人诟病。如果他们参加国际比赛，也会有损国家形象。随着我国运动员参加国际比赛的次数增多，要求所有运动员在升国旗时，必须举臂挥手致谢观众。比赛的成绩好与不好都应与对手握手表示感谢和祝贺。即使取得的成绩不理想，表现不好，也不应在镜头前表现出沮丧，要有豁达的胸襟，坦然接受的内心。即使输了一场比赛，也要控制好自己的情绪，避免不恰当的言行。当然，在赛场上也要严格遵守比赛规则，遇到纠纷或违规行为时，要体现出中国人的气质和风范，切不可因冲动就产生过激行为，破坏比赛。我们要时刻牢记，我们的一举一动都代表着中国人的形象，要向世界展示中国人良好的精神风貌和礼仪。

2. 讲究礼仪与仪表得体

仪表主要是指衣服和装饰的搭配。但从礼仪的角度来看，着装不能简单地认同为仅仅是穿着衣服，强调的是着装者根据自己的阅历修养、审美情趣和身体特点，根据不同的时代、场合和目的，对所穿衣服进行精心挑选、搭配和组合。在各种正式场合，注重个人着装的人能体现仪容之美，增加交际魅力，给人留下良好印象，让人愿意与他们深入交流。同时，讲究着装也是每个人的基本素质。着装反映了一个人的外在美，除了让人看到整洁、完整外，还要赏心悦目。着装应兼顾三项原则。首先是文明大方。着装要求符合该国的道德传统和习俗。在正式场合，避免穿暴露、透视、短而紧身的衣服。过度暴露身体部位，不仅有损自己的身份地位，而且对他人也极不尊重，让他人觉得很不方便。其次是合适。要求礼服各部分相互呼应，精心搭配，尤其要遵守礼服本身与鞋帽的习惯搭配原则，在整体上尽量做到完美和谐，以显示整体衣服的美丽。最后是个性特质。着装要求根据自己的身材、年龄、职业等特点，扬长避短，并在此基础上创造和保持自己独特的风格，即在某些方面体现鲜明的个性。

运动员进行比赛一定要穿专业比赛服，在仪表和饰物佩戴上要符合比赛要求。观众进比赛场馆前，应该注意自己的服装打扮，虽然看体育比赛不用像参加正式宴会那样西装革履，但是在比赛场地也要注重着装礼仪。观众观看比赛，大多着便装，如果有目的地支持某个国家、某个队、某个运动员，也可以体现出自

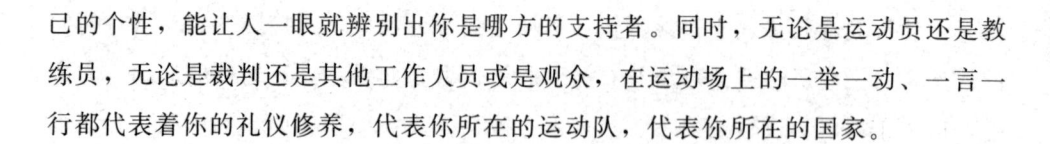

己的个性，能让人一眼就辨别出你是哪方的支持者。同时，无论是运动员还是教练员，无论是裁判还是其他工作人员或是观众，在运动场上的一举一动、一言一行都代表着你的礼仪修养，代表你所在的运动队，代表你所在的国家。

(二)沟通信息

仪式行为所产生的信息量很大，每一种仪式行为都可以表达一种甚至多种信息。按照礼仪表现方式可以分为三种：一是言语礼仪，二是装饰礼仪，三是行为表达礼仪。这三种礼仪行为都具有很高的信息量。

(1)言语礼仪是指用口头或书面语言表达的一种礼仪，即用语言直接传达的某种礼仪，如问候语"你好""谢谢""对不起""辛苦了""保重""再见"等。这种客气的问候语本身就蕴含着强烈的信息，通过语言本身的字面意思向对方传递一些信息，如祝福、尊重，或一般客气，或随意的一种问候等。

(2)装饰礼仪是指通过服饰和物品表达思想的一种礼仪。在社会活动中，人们常常通过服饰或各种物品来传达感情，表达一种礼仪。不同的饰物有不同的礼仪信息。例如，红衣代表喜庆，黑衣代表庄严、庄重，白衣代表纯洁、高贵。运动员在训练时必须穿运动服，但在正式场合不能再穿运动服。对于礼物的赠送要有明确的含义，明白对方的忌讳。着装搭配饰物可以表达一种感情，往往能达到"此时无声胜有声"的境界。

(3)行为表达礼仪是指人们通过肢体语言来传达感情和思想的一种礼仪行为。肢体语言是一种非自然的语言，又称无声语言，有时也称为"姿势语言""人体语言"等。它泛指除语言信息外，人际交往中人类行为所产生的一切信息。它可以作为人们表达感情的重要辅助工具。如果说人的有声语言是人类思想的物质外壳，那么肢体语言可以说是人类行为和情感的物质外壳。根据美国心理学家和人类学家霍尔的说法，无声语言能比有声语言表现出更多更深刻的含义。国外的心理学家甚至提出了这样一个公式：信息的传递=7%文字+38%声音+55%表达。在这里，我们且不用过于在意这组公式有多科学，但它的确强调了无声语言在人际交往中所占的比重是非常大的。例如，手势语言，握手是社交活动中出现频率最高的动作，不同的握手手势所表达的信息明显不同，如果双手紧紧握住对方，用力摇晃，自然表达久别重逢或深深地感激或强烈地鼓励等；如果略微轻松地握对方的手，可能会传达出不在意或希望快点结束等信息。

（三）联络感情

礼仪是人们在社会活动中形成的行为准则和规范，主要表现为礼仪、礼貌、礼节等。这在社交活动中不仅表达了一种礼仪，而且可以突出其主要目的是加强人与人之间的联系，为个人或组织创造和谐的人际环境和顺畅的社交氛围。

体育礼仪具有沟通情感的重要功能，也是社交礼仪的重要特征。体育礼仪既要礼仪、礼节、礼貌，又要内容和手段，如为抒发感情，沟通情感，邀请亲友或组织同事参加集体运动，开展大家喜欢各种球类运动，这不仅陶冶了情操，锻炼了身体，还加深了人与人之间的了解，连接了感情。

（四）增进友谊

增进友谊是体育礼仪的另一功能。由于现代社会通讯和媒体的发展，人与人之间的交流更多地被现代高科技所取代，人与人之间面对面的交流相对减少。一般来说，面对面的人际交往可以增进双方的了解，增进双方的友谊。在现代社会生活中，有相同爱好、有良好习惯的人，尤其是对球类运动、棋牌等竞技项目痴迷的人，往往交流起来更快、更顺畅。而能够与人成功的交往可以迅速增进双方的友谊，为以后的友谊发展铺平道路。

在世界重大体育赛事中，任何国家的运动员取得的成绩都是全国人民的骄傲，值得我们热烈的掌声。因此，无论运动会在哪里举行，每当奏响国歌、升起国旗时，在场的观众都会肃然起敬。他们不仅是在向获奖者致敬，也是在向人类自身致敬。第二十九届北京奥运会的主题口号"同一个世界，同一个梦想"。虽然每个人的梦想不同，但有一个相同的梦想，那就是让世界变得更美好，让人们更友好。运动会是全世界人民的节日。作为这届奥林匹克运动会的主办国，我们欢迎来自世界各地的朋友。中国素以"礼仪之邦"和"好客之邦"的称呼。"北京欢迎你"是中国人热情好客的最好表达，创造和谐的基础是尊重。我们要以宽容之心接纳五湖四海的朋友，尊重他们且尊重他们的文化，以实际行动践行奥林匹克精神倡导的公平、友谊、团结。

（五）促进和谐

礼仪是人们在社会、道德、风俗等方面的行为规范，是人们文明程度和道德修养的外部表现，是以建立和谐关系为目的的各种符合礼节精神及要求的行为准则或规范的总和。它既为人们所认同，又为人们所遵守。体育礼仪对个人而言，是一个人思想水平、文化修养、交际能力的外在表现。在体育比赛中，运动员尊重裁判、尊重对手、遵守规则，裁判员公正、公平、秉公执法，观众举止文明、践行礼仪，从而使整个赛场产生共鸣。场内场外各尽其责，行为得体，和谐融洽。对于国家来说，体育礼仪的目的在于促进整个社会的和谐相处，尊重人们自己的生活方式，使整个社会有机、自然、和谐地融为一体。

二、学习体育礼仪的意义

礼仪是一个人乃至一个民族、一个国家的文化修养和道德修养的外在体现，是为人处世的基本要求。现代社会文明水平的提高促进了人们素质的提高，而高素质的人更注重礼仪文化。中华民族自古崇尚礼仪，素有"礼仪之邦"之称。孔子曾说："不学礼，无以立也。"也就是说，一个人要想有所成就，必须从学礼开始。由此可见，礼仪教育对于培养文明礼貌、品德高尚的高素质人才具有重要意义。

（一）完善自我形象

礼仪对人的仪容、仪表、容貌、举止等外在形象以及知识、教养、言谈、情操等内在修养都有详细的规定。也就是说，一个人只是素质高，行为却不符合礼仪的要求，会让人觉得粗鲁；而只注重表面的礼仪，却没有高尚的道德修养，也会让人觉得虚伪。因此，只有把外在的礼仪和内在的品格修养紧密结合起来，才能成为一个真正有教养的人。那么，如何在待人接物中给人留下良好的礼仪形象，如何在比赛中树立中国运动员和体育工作者的良好形象，需要多多学习体育礼仪知识。学习礼仪能够解除一个人在交际领域的胆怯和害羞，也会为一个人指明交际场中的迷津，增添更多的自信和勇气。因此，我们要学习礼仪，做一个有教养、有礼貌、受欢迎的现代人。

（二）建立良好的人际关系

古语有云："世事洞明皆学问，人情练达即文章"，其实就是讲与人交往。一个人只要与人打交道，就不得不涉及礼仪问题。如果一个人不注重礼仪，行为鲁莽，说话粗俗，那么必然不会受欢迎，不会受爱戴。相反，如果一个人讲究礼仪，文明礼貌，那么自然很容易化解人与人之间的陌生和隔阂，迅速地相互交换意见，增进相互了解和促进情感交流。

体育礼仪是人们交流思想的桥梁。没有体育团体或个人之间的交流与分享，就不可能进行友好交际的进一步发展，也无法营造场赛场内外和谐的氛围。由此可见，现代社会需要体育礼仪，需要人与人之间的良性交流。学习体育礼仪知识，可以帮助运动员、教练员等体育工作者在实际的工作中实现有礼有节的交往，才能在国际比赛中尊重国外风俗习惯和国际比赛惯例，才能更好地树立良好形象。

（三）促进社会文明

我们生活在社会主义大家庭中，人和社会密不可分，社会是由个人组成的。精神文明建设和社会和谐发展需要每个成员的积极参与和全体成员的共同努力。要提高全社会文明程度。实施公民道德建设工程，弘扬中华传统美德，加强家庭家教家风建设，加强和改进未成年人思想道德建设，推动明大德、守公德、严私德，提高人民道德水准和文明素养。礼仪在建设文明社会中发挥着重要作用，和谐社会具有多种社会效应，这是由于体育运动独特的竞技特性、媒体的作用以及锻炼身体的本质、运动员高雅的气质、青春的活力所决定的。体育礼仪作为社会规范，体现着深刻的社会道德力量。参加体育运动和遵守体育礼仪对于陶冶情操、弘扬正气、协调人际关系、促进社会和谐进步、增强社会凝聚力具有重要的作用。

三、体育礼仪修养的培养途径

践行礼仪不仅是一个人的外在行为方式，更与人的内在道德、文化和艺术成就密切相关，是人的内在道德、文化和艺术成就的反映和折射。良好的精神面貌塑造很大程度取决于个人的思想境界、道德情操、文化修养，这也是人们体现生命之美的常青树。例如，有些人虽然穿着高档的衣服，但从服饰样式、色彩的选择都不合适，穿在身上整体效果并不能显示出和谐美，这实际上就是对自身缺乏自我约束所造成的必然结果，从礼仪修养的角度来讲就可以判断一个人的礼仪表达是否真诚。相反，有的人虽然穿着简单，但是从衣服的整洁度、色彩搭配及对应的场合也能同时体现一个人的外在和内在修养，说明其是一个注重礼仪的人。为此，广大运动员和体育工作者在学习礼仪和行为规范的同时，更要注重内在修养，在勤奋求知的过程中，不断充实自我，提高礼仪水平。

（一）加强思想道德修养

礼仪修养是道德修养的外在表现。道德修养决定了一个人具有什么样的理想、信念、感情、意志等，是规范人与人之间关系的一切行为规范的总和。努力提高思想道德修养，可以在为人处世方面打下坚实的基础，而力求至善至美，人的礼仪水平才能相应提高。

（二）广泛学习礼仪知识

我国古人有"礼以节人"的说法。《礼记·曲礼上》中也有这样的记载："鹦鹉能言，不离飞鸟；猩猩能言，不离禽兽。今人而无礼，虽能言，不亦禽兽之心乎！"意思是说，鹦鹉能说话，但它还是鸟类；而人没有礼节，虽能说话，却也和禽兽一样，这句话强调了人要讲文明、懂礼仪，只有文明有礼才是人立身处世之本。一个人只有把外在的礼仪和内在的品格修养紧密地结合在一起，才能成为一个真正有礼貌、有教养的人，才会受到他人的喜欢与尊重。

如何将内在素质与外在标签有机结合？这就需要长期的学习和积累。以学习为例，要成为君子、礼仪之人，就必须根据自己所处的环境和条件，不断地学习不同国家、不同民族的政治、文化以及不同的科学知识和风俗习惯。此外，还要在社会实践中学习，学习祖辈的高尚情怀，学习先进榜样的高尚品质，学习体育界名人的优秀思想和拼搏精神，包括学习各种礼仪知识等。在学习中注重培养自身素质，自觉塑造高尚人格，全面提高身心素质。

（三）提高个人文化修养

君子行为象征着高尚的人格，是人们长期有意识地提高文化思想修养的结果。通常，有教养的人大都懂科学、有文化。他们思考问题周密，分析问题透彻，处理问题有方，而且反应敏捷、语言流畅、自信稳重，在社会交往中具有吸引力，让人感到在知识上获益匪浅、身心上愉快舒畅。相反，文化层次较低的人，缺乏自信，给人以木讷、呆滞或狂妄、浅薄的印象。因此，只有自觉地提高文化修养水平，增加社交的"底气"，才能使自己在社交场合上温文尔雅、彬彬有礼、潇洒自如。

当今社会，科学技术日新月异。只有通过不断地学习科学知识，才能提高个人的文化修养。运动员也不例外，除了学习体育知识外，还应学习良好的礼仪规范、培养广泛的知识兴趣，努力提高文学、艺术鉴赏能力和审美能力，使他们下意识地按照美学规律来认识生活、对待生活，让人的行为在潜移默化中更加规范、成熟、优雅。

（四）积极参加社会实践活动

体育运动员在掌握了一定的礼貌礼节知识后，就需要在社会中加以实践，通过实践来提高和完善体育礼仪。例如，参加体育比赛时，可以在条件和时间允许的情况下，积极参加各种社交活动，以此增进了解，增强交际能力。此外，还可以在体育赛事中锻炼社交礼仪，如在参加赛事新闻发布会、采访会、交流会等恰当使用礼仪，不仅有助于在耳濡目染的熏陶和交流中，借鉴他人的礼仪和优秀品质，还可以为增进友谊、培养友谊打下牢固的基础，最终通过提升自己的礼仪情操，不断地提高和完善自己的礼仪修养。

第二章
体育活动者的形象礼仪

第一节　仪容礼仪
第二节　服饰礼仪
第三节　仪态礼仪
第四节　语言礼仪

体育不同于其他社会活动，它不仅涉及的人更多，而且人员构成也更复杂。特别是在大型国际比赛中，来自不同国家和地区的运动员、教练员、裁判员和观众汇聚一堂，组成了一个暂时的"家庭"，一起生活、一起工作、一起比赛，参加各种社会活动。这时，如果了解体育礼仪的基本要求，并遵循相应的基本原则，就可以更好地加强相互交流，增进相互友谊，进而顺利完成体育比赛。体育基本礼仪主要体现在体育人员形象礼仪和交际礼仪上。体育人员形象礼仪包括运动员的仪表、着装、举止、语言等多个方面。为此，本章主要介绍了仪容礼仪、服饰礼仪、仪态礼仪、语言礼仪四个方面。

第一节 仪容礼仪

仪容是指一个人的相貌和外表，是一个人精神面貌的外观表现，尤其是一个人的头发、脸、手等外在。在社交活动中，一个人的仪容是他人最先注意到的，并且会影响个人的整体形象。美丽大方的外表不仅可以体现个人的自尊自爱，还可以表达对他人的尊重和礼貌。因此，每个运动员都应该注意整体的美观大方。参加体育活动的仪容仪表要求是干净整洁、适度修饰、活泼自然，能体现体育运动的无限魅力。

一、干净整洁

干净整洁的外表是体育运动员仪容保养的基本条件，在清洁自己的外表时，要注意"面面俱到"，不能一带而过，敷衍了事。具体来说，仪容的干净、整洁主要包括：头发清洁健康，无头皮屑，无异味；时刻保持面部清洁、清爽，无汗渍、油渍等；时刻注意面部卫生，避免因个人卫生不当导致面部反复出现痘痘、粉刺等症状；眼睛周围无眼垢；耳朵内无耳垢；无流鼻涕，无鼻毛；牙齿洁白，口中无食物残渣，无异味；时刻保持手和指甲清洁，养成修剪指甲的好习惯，指甲长度也不宜过长，等等。

二、适度修饰

适度修饰容貌，是指根据社会规范和个人情况，对容貌进行必要的修饰，扬长避短，设计和塑造美观的个人形象。

（一）发型

发型是仪容之美的重要组成部分，发型要适合运动员的运动项目、身高、脸型和性格。一般来说，男运动员头发不要遮住耳朵，不要长及后领，不要烫发；女运动员可以选择直发，长度齐耳或选择稍长微卷的发型，头发不能盖住脸，刘海不能太低，男女都要定期洗头、剪发，以保持发型清爽、干净。男女运动员在正式社交场合不能将头发染成不同的颜色。

从体育运动的特点来看，运动员的发型以短发最为适宜（体操、艺术体操、花样游泳等少数项目除外）。短发也有很多类型，运动员可根据自身条件进行合理的设计，以体现个人发型的美感和体育运动的节奏感。近几年来，一些国际体育明星在赛场上的发型被人们广泛议论，有的甚至被传为佳话。全球著名美发专家路易斯·里卡里就曾说过："运动员不得不服从于比赛规定，所以他们在服装上下功夫的机会远没有在发型上多。在他们看来，独特的发型可以带来更多的好处。"[①]独特的发型确实能带来个人心情的改变，但运动员的发型不能太怪异。

（二）修面

如果没有特殊的宗教信仰和民族习俗，男性不应该留胡子，因此，男性运动员应该养成每天刮胡子的习惯，以保持脸上的整洁程度。无论男女，都要经常留意及修剪鼻毛及耳毛，使其不外露。

（三）化妆

化妆是用化妆品对个人进行修饰和打扮，以更好地展现个人风采。化妆应遵循自然协调、美观大方的基本原则。自然协调是指化妆看上去是自然的，没有过

---

① 游战澜. 体育礼仪理论与实践[M]. 天津：天津科学技术出版社，2020.07.

度人工美化的痕迹，而且与个人的自身状况、所在场合以及在场合中所扮演的角色相协调。美观大方是指化妆后的仪容应该是清新雅致、端庄大方的。

在体育社交场合，体育活动人员应以淡妆为主，自然清新是最高境界，切忌浓妆艳抹。在赛场上，运动员也可做适当的化妆修饰，特别像在体操、艺术体操、花样游泳等艺术类比赛项目上，适当的化妆可以向观众展示运动员全面的美。但对一些运动量比较大的体育项目，由于在比赛过程中运动员会流大量的汗水，就不宜做过多的面部化妆。

（四）手臂的修饰

手臂要完成各种各样的手势，是人体中使用最多、动作最多的肢体部分。如果手臂的"形象"不佳，个体的整体形象将大打折扣。手臂的修饰应注意手掌、肩臂与汗毛3个部分。对于艺术体操、花滑类的运动员，保持手臂部分的整洁特别重要。

1. 手掌

在日常生活中，手是使用次数最多的部位。从清洁、卫生、健康的角度谈，手应当勤洗，特别是餐前、便后、外出、接触各种物品、与他人握手后。在冬天，洗手后应及时涂护肤品滋润护理。发现死皮应立即将其修剪掉，但不要用手去撕或用牙去咬，以防皮肤破裂感染。手部皮肤粗糙、红肿、皲裂时，要及时护理或治疗。若长癣、生疮、发炎、破损、变形，不仅要治疗，还要避免接触他人。此外，手上的指甲应定期修剪，最好每周修剪一次，手指甲长度以不超过手指指尖为宜。

2. 肩臂

在正式的社交或商务场合中，手臂尤其是肩部不宜裸露在衣服外。晚会、宴会或其他非正式的场合，则另当别论。

3. 汗毛

由于个人的生理特征不同，有些女性手臂上汗毛生长得过浓或过长，应采用适当的方法进行脱毛，腋毛是不应为他人（尤其是异性）所见的。

（五）腿部的修饰

在近距离之内，腿部容易为他人所关注，因此腿部的修饰必不可少。腿部的修饰，主要应注意脚、腿和汗毛3个部分。尤其是专攻于户外运动的运动员要注意这个部分。

1. 脚

在日常生活中，脚部很容易被人忽视。但作为一个有修养的运动员，应时刻注意脚部的卫生，确保无异味。首先，要勤洗脚。其次，应勤修脚趾甲，最好每周修剪一次。另外，在正式场合，不能光脚穿鞋，穿鞋前，应穿袜子，且不能穿露脚趾的鞋，如凉鞋、拖鞋。在非正式场合，光脚穿鞋要确保脚的干净、清洁。

2. 腿

在正式场合，男运动员不应该暴露腿部，即不能穿短裤；女运动员可以穿长裤、裙子，但不得穿短裤或暴露大腿的超短裙；女运动员穿裙子时，应穿袜子，而不应暴露出腿部皮肤。

3. 汗毛

成年男运动员，一般腿部的汗毛都较浓密，所以在正式场合不应穿短裤或卷起裤腿。女运动员腿部的汗毛如果过于浓密，应去掉或选穿深色丝袜加以遮掩。在没有去掉汗毛之前，切忌穿浅色的透明丝袜。

三、生动自然

体育运动是充满活力的，所以，无论在什么场合，体育活动人员展现给人们的应该是生动自然、散发着运动气息和生命活力的面容，而不应该是一张茫然、呆板甚至冰冷的面孔。要做到这些，体育活动人员就要努力培养对生活豁达乐观的态度和充满自信的心理品质，无论是成功还是暂时的失败，都要以积极的心态面对。另外，体育活动人员必须要勤勉练习，不断提高个人文化修养和思想道德水平，培养高雅的品格和美丽的心灵，做到秀外慧中，表里如一。

第二节　服饰礼仪

衣服是人体形体的延伸，包括衣服、裤子、裙子、帽子、袜子、鞋子、手套和各种配饰，共同遮盖身体，起到美化外形的作用。衣服也是一种无声的语言，可以展示各种着装者的性格、身份、文化修养、审美情趣、个人归属等信息。在社会交往中，人们不仅通过服装来判断对方的身份，还进一步判断对方是否是他们可以产生共鸣的对象，但也常常通过着装、态度和纪律来判断对方的性格。在人们相互交往中，一身赏心悦目的服饰传递的是对他人尊重的信息。反之，一个人的服饰让人看了觉得别扭、不舒服，则传递出的信息是对他人的不尊重。因此，人们习惯把穿着得体的人称为彬彬有礼者。鉴于服饰的重要性，无论在运动场上还是在社交场合，每一个参加体育活动的人员都要懂得服饰礼仪。

一、服饰礼仪的基本原则

（一）整洁

整洁是着装礼仪的基本条件。无论在何种场合，着装都要力求清洁、整齐、挺拔，避免肮脏或邋遢。整洁主要体现在三个方面。一是着装要干净。对于各类服装，都要勤于换洗，服装上不应存在明显的汗渍、污渍、油迹，衣领、袖口要时刻保持干净，皮鞋应光亮无尘。二是着装要平整。任何服装在穿着前都应该熨烫平整，避免又折又皱。三是着装要规范。对于任何一款服装，都应按服装本身规范来穿着，如在正式场合男士穿西服必须打领带，双排扣西服应把扣子都扣好，穿长袖衬衣时，要将前后摆塞在裤内，袖口不要卷起；女士穿西服套裤（裙）或旗袍时，不能光腿或穿彩色丝袜、短袜等。另外，着装规范也意味着服装不能又残又破，乱打补丁。

（二）合适

合适是指服饰的选择应与穿戴者的肤色、形体、年龄等自身条件相适应。只要不是规定性着装，服饰的选择就要因人而异，通过服饰来显示着装者所长，遮掩所短，以呈现个人最佳风貌。例如，肤色较深的人不宜穿太深或太浅的衣服，而应选择与肤色不形成反差的衣服；黄皮肤的人不宜选择半黄、卡其色或灰色的衣服，否则会看起来冷漠、淡漠；脸色苍白的人不宜穿绿色的衣服，否则会使皮肤更苍白。而身材苗条的人适合穿颜色鲜艳、亮度高的浅色衣服；肥胖的人不宜穿绿色、鲜艳或格子衣服；中年妇女不能像十几岁的女孩一样穿迷你短裙等。饰物的选用也要合适，不宜过多过杂，要与衣服相匹配，要符合个人身份。值得注意的是，佩戴饰物不是加以炫耀，饰物的作用在于能起到画龙点睛和协调整体的效果。

（三）合时

合时主要是指服饰的选择要与穿戴者所处的环境、场合和季节相协调。一个人在社会中的角色是多层次的，所以要根据不同的场合选择不同的着装风格，以满足不同社会角色的需要。例如，运动员在赛场上必须穿比赛项目所规定的服装；在重大的宴会、庆典和会见场合，应该穿礼服；在一般的社交场合或日常交往时，可以穿西装或便服；在参加各种联谊活动时，可以穿较时尚的便服等。

在国外比赛时，运动员和教练员经常会参加一些国外的活动。如果赛事主办方发出的邀请函中有着装要求，参赛者必须按照要求着装。如果主办方没有提出具体的着装要求，但参加的人也应穿着一些正式的衣服。

（四）文明

着装是人类进入文明时代的重要标志。除了在竞技场上有特殊的着装要求外，在公共场所和社交场合，运动员和裁判员也要注意文明着装。文明着装是指在着装上必须遵守社会道德规范，主要表现在以下四个方面。一是不要穿太过暴露的衣服。在正式场合，不要裸露后背，在公共场所袒胸露背是禁止的。二是不要穿太过透明的衣服。三是不要穿太短的衣服。不要为了与众不同而穿小一码的衣服，或在正式场合穿短裤、背心、超短裙等短款衣服。第四，不要穿紧身衣服，不要刻意选择太紧身的衣服来炫耀自己的身材。

二、运动场上的服饰礼仪

服饰是运动场上多姿多彩的一道风景,无论是开幕式的集体服饰、运动员的比赛服、裁判员的工作服,还是看台上观众的服饰,都会被人们所注目。体育服饰是体育精神与文化元素相结合的产物,它彰显的是人类的文明与进步。

(一)体育服饰的时尚性

体育服饰是随着时代的发展而变化的,体育服饰的艺术创意应紧随时代的脉搏,以时尚和美观来展示体育运动的生命力。

体育服饰伴随着体育的推广与发展以及文化的演变而不断地进行着创新和改革。在不断的变革中,形成了极具代表性的体育服饰艺术。而体育服饰的色彩设计需要考虑很多因素,例如,季节、环境、运动员的气质等。在夏季的奥运会上,运动员的体育服饰通常以红色、黄色为主,这样既能与季节、气候相和谐,又能激发运动员的活力;而在冬季奥运会上,运动员的体育服饰通常以蓝色、白色为主,这样既能与周围的环境相融合,又能在以速度见长的冰雪运动中保持冷静判断。在艺术体操、花样游泳等以表演为主的体育运动中,体育服饰的颜色和图案往往需要根据表演的主题、内容、情感以及背景音乐进行精心的设计,通常比较亮丽、动感,在显示运动员矫健美的同时,也带给人们无限的遐想和美感,这些运动项目中服装的色彩和图案是表现美的重要组成部分,既要适合运动员的气质和外型特点,又要与所配的音乐相和谐。在一些短距离比拼运动员爆发力的体育运动中,运动员的服饰往往鲜艳、明快,且对比性较强。强烈、鲜艳的对比色往往更能引起运动员的兴奋。而在一些要求有稳定心理品质的体育项目(如射击、射箭等)中,体育服饰的颜色往往以蓝色和白色为主,色调搭配温和、沉稳。

(二)体育服饰的民族性

大型国际体育赛事的开幕式、闭幕式、颁奖仪式等都是万众瞩目的中心,也是参赛国彰显本国服饰礼仪文化的舞台。服饰,作为一个民族或国家的文化承载,应该以独一无二的深厚、经典和高雅出现在这些场合中。其中奥运会服装是一个民族文化精神的缩影。设计目标既要有民族意识、人文风采,又要体现时代风貌。与本国民族文化元素相结合一直是奥运礼仪服装的设计重点。

如 2022 年北京冬奥会的服装就蕴藏着深厚的文化内涵和丰富的科技含量，融合了中国传统山水画与冬奥核心图形的雪山图景，将功能性、民族性和艺术性完美结合。冬奥制服装备的外观设计，灵感来源于中国传统山水画与冬奥会核心图形的雪山图景。冬奥核心图形的设计展现了中国传统的"道法自然、天人合一"思想，融合了京张赛区山形、长城形态，以及《千里江山图》的青绿山水。而北京冬奥组委最终确定的制服外观设计，则将冬奥核心图形合理地拓展到立体化的服装上，运用具有中国水墨画韵味的笔触、浓厚淡薄的线条、远远虚实的层次，将传统美学和冰雪运动巧妙的联系融合在一起。在色彩选择上，沉稳的墨色和跃动的霞光红展现了工作人员的实干和热情，中性的长城灰彰显技术官员的客观公正，明亮的天霁蓝展示志愿者的青春活力，纯洁的瑞雪白作为调和色象征着"瑞雪兆丰年"。霞光红、长城灰、天霁蓝、瑞雪白这些冬奥色彩系统中的主色勾勒出冬奥会恢弘场景与空间意境以及冬季运动的节奏感和韵律感。

（三）体育服饰的项目特色

在体育运动发展过程中，出于体育项目本身以及文明参赛和观赛的需要，不同的体育项目对运动员和观众服饰穿着有特殊要求。例如，体操运动员的服装因设备而异。在所有男子体操项目中，运动员穿背心，在高重量项目中（鞍马、吊环、双杠）男运动员穿长裤子，在低重量项目中（自由体操和跳马）男运动员穿短裤。女子体操服必须合身，衣服不能太大或太小，不能露出臀部和胸部。观看网球、高尔夫、台球、花样滑冰、击剑、壁球和国际象棋等目前公认的"绅士"比赛，观众应穿着整齐等。

（四）服饰礼仪对主办方国家的要求

像奥林匹克运动会这样的国际体育大赛，主办方国家要为奥林匹克运动组委会工作人员、技术官员（裁判员）和志愿者提供服装。服装在设计上要突出以下四点。一是要体现蓬勃向上的体育精神，使着装者富有使命感；二是能表现举办城市的特点、历史与愿望；三是满足服装工作人员不同工作的功能需求，便于管理；四是识别度好，满足体育赛事和赛事服务需求。

第三节　仪态礼仪

优美的仪态是体现个人风度的重要方面。有些人长相普通，却因为有着优美的仪态而能给人一种风度翩翩的动态美；有些人面容亮丽、身材出众，但因仪态不雅而使其外在美受到破坏。在社会交往中，每个人都以一定仪态出现在他人面前。良好的仪态不仅给人以美感，同时还散发着个人的稳重、自信、向上、坦诚、尊重等内在的精神素养，而不良仪态传递的则是轻浮、散漫、防备、傲慢等消极的内在信息。因此，体育活动人员在公众场合，应尽量避免不良的仪态。

我国古人用"站如松、坐如钟、行如风"来规定"站、坐、行"的正确仪态。那么，如松的站姿、如钟的坐姿及如风的走姿具体是怎样的呢？

一、站姿

站姿是人在社交场合的基本姿势，是其他动作姿势的基础和出发点。站姿要体现人体的静态美，女性站姿应端正、从容；男性站姿应是笔直、挺拔。站姿的基本要求如下。

(1)抬头，头顶平，双目向前平视，嘴唇微闭，下颌微收，面带微笑，动作平和自然。

(2)双肩放松，稍向下沉，身体有挺拔向上的感觉，呼吸自然。

(3)躯干挺直，收腹，挺胸，收腰。

(4)双臂放松，自然下垂于体侧，手指自然弯曲。

(5)双腿并拢立直，两脚跟靠紧，脚尖分开呈60°，男子站立时，双脚可分开，但不能超过肩宽。

(6)身体立直，双手置于身体两侧，双腿自然并拢，脚跟靠紧，脚掌分开呈"V"字形。

(7)身体重心应在两腿中间，防止重心偏左偏右，做到挺胸、收腹、挺腰。穿礼服或是旗袍，双脚并列，但应该前后稍稍分开，以一只脚为中心站立。

二、坐姿

坐姿是指坐定的姿势。良好的坐姿应该使人们有积极，舒适和优雅的感觉。正确坐姿的基本要领是：坐在座位上时，动作要轻要稳，走到座位前，转身，右腿后退半步，轻稳地坐下。女子落座时，应以手微拢裙摆，男子应解开西服纽扣。坐在椅子上时，上半身保持站立的基本姿势，头直目平，双膝并拢，双脚平行，脚尖同向，双腿自然弯曲，小腿与地面基本垂直，双脚可正放或侧放，并拢或交叠。女士双膝必须并拢，双手自然弯曲放在膝盖或大腿上。例如，坐在有扶手的沙发上，男士可以将手分别放在扶手上，而女士则只能单靠一侧靠在扶手上，以示优雅。坐在椅子上时，一般只坐满椅子的2/3，不要向后靠，休息时可以轻轻向后靠。站立时，右腿向内收回半步，用小腿的力量支撑身体，保持上半身挺直。坐姿还可以将上身与腿同时转向一侧，面向对方，形成优美的"S"型坐姿；也可以双腿于膝部处交叉，脚内收与前腿膝下交叉，两脚一前一后着地，双手稍微交叉于腿上。无论采取何种坐姿，都要自然、优美、大方，切不可肢体僵硬。

三、走姿

走姿是人在行走过程中所表现出来的姿态，正确的走姿应该是从容、轻盈、平稳。走路应该体现出一种动感美，任何一种协调、平稳、轻松、灵动的步态都会给人一种美感。

正确的走姿有：眼睛看着前方，肩膀平稳，手臂摆动自然而有节奏，以30°~50°为宜，肩膀和手臂不能太僵硬；双脚重心来回反复变化，两脚内侧呈直线走动，脚尖应在前。不同的衣服有不同的步伐，例如，女性穿裙子（尤其是旗袍裙、礼服裙或洋装）和高跟鞋时，步子要小一些。动作要脚后跟先着地，膝盖不要弯曲，脚踝和膝盖要灵活。

不良的走姿有：走路时低着头或扬着头；腿呈内八字或外八字；弯腰驼背，摇头晃肩，扭腰摆臀；双手插在裤兜或反背于身后；跨步太大或太小，落脚太重，发出咚咚响声；两人走路勾肩搭背，多人横作一排一起走；在较窄的过道抢道先行；边走边吃或喝；与他人相距过近或尾随于他人等。

第四节　语言礼仪

语言是人类最重要的交际手段，人们通过它表达思想、交流感情、传递信息。语言有雅俗之分，文明的语言可以使人获得愉快的感受。在体育活动中，语言美主要体现在尊敬、友善、激励、适宜和相容等方面，在表达上主要有有声语言、无声语言、书面语言和类语言等几种类型。

一、有声语言

有声语言即通常的口头语言。口头语言具有随意性的特点，因而最能反映一个人的文明状况。在一般的社会交往中，口头语言涉及的礼仪很多，如讲话要看对象，话题要因人而异，讲话要适合当时的具体场景，讲话要诚实，内容要健康等。在体育活动中，特别是在大型国际体育聚会上，体育礼仪除了对语言有以上要求外，更强调地是讲话人在讲话时要更多地使用礼貌和鼓励性语言，借以协调气氛或激励他人。礼貌和鼓励性语言有以下六种形式。

（一）问候语

问候语主要用于人们见面时的彼此问好，以表达对对方的敬意或关心之情，如大家见面时的"你好""大家好""上午好"等。问候语是体育活动人员特别是运动员面对观众和新闻媒体时的一种最基本的礼仪语言。需要注意的是，一些非正式问候语如"你们吃饭了吗""大家在忙什么呢"等应尽量少用。

（二）赞赏语

赞赏语主要用于对他人行为的肯定和赞许。赞赏语是最美好的语言，在体育赛场上，观众不要吝惜赞赏语。当运动员有出色的表现时，观众要给出恰当的赞赏，而且这种赞赏应该是没有国界之分的。比较常见的赞赏语有"好球！""漂亮！""真棒！"等。

第二章 体育活动者的形象礼仪

（三）激励语

激励语是对他人释放潜在能力的一种情感上的呼唤。体育运动对抗性强，竞争激烈，运动员往往要承受来自各方面的压力。如果教练员、队友或者观众能给予适时的激励，运动员的体能就可能会有超常的发挥，从而取得好成绩。所以激励是人超越自我的一种动力，激励语是赛场上的催化剂。在赛场上使用如"加油，加油！""中国队，必胜！""你一定能赢！"等激励语激励运动员的同时，本身也能得到激励。

（四）道歉语

道歉语是指当你对他人造成伤害、未能满足其他要求或因故打扰他人时，用言语向对方表示歉意。道歉在某种程度上是对自己的一种否定和反省。对于一般人来说，道歉往往比赞美更难出口。真诚的道歉反映了一个人更深层次的道德修养。道歉语是体育语言礼仪最重要的内容之一，因为体育运动的激烈性，观众与观众之间、观众与运动员之间、观众与裁判之间和运动员与运动员之间、运动员与裁判之间、教练员与教练员之间以及教练员与裁判员之间都难免会产生一些摩擦甚至过激行为，这时一声真诚的道歉往往可以化解矛盾、减少冲突。常见的道歉语有"请原谅""对不起""抱歉""失礼了"等。

（五）征询语

征询语用在征求别人的意见或看法，以便提供建议或帮助，是一种积极主动的语言行为。征询语是体育志愿者最常用的礼仪语言。在体育活动中，面对有疑惑或感觉不适的人特别是外宾，能够及时地提出征询和给予一定的帮助是体育志愿者应有的文明素质。征询语在使用时要求真诚、委婉、有礼貌，不可唐突、生硬。比较常见的征询语有"我能为你做点什么吗？""你需要帮助吗？"等。

（六）请托语

请托语是一种礼貌用语，用于请求帮助或委托他人为自己做某事。作为社会的一员，不可避免地会询问他人，无论是寻求理解还是寻求帮助，我们能否真诚地使用请托语，往往会收到良好的反馈效果。体育场馆经常是人的海洋，面对精彩的比赛，观众台上的人们会以各种方式抒发自己的情感，其中有些做法难免会影响他人，这时受影响的人可以使用请托语来平抑一些人的兴奋，如"请安静一点，好吗""请不要使用闪光灯""请坐在自己的座位上""拜托"等，一个诚恳的"请"字往往会比一堆命令更能让人从心理上接受。

二、无声语言

无声语言是一种无声的陪伴，通过身体姿势、动作和面部表情的变化来传达信息和表达感情。心理学研究表明，在面对面的交流中，55%以上的信息是通过无声语言传达的，可见，无声语言在人际交往中的重要性。在社会活动中，人们必须知晓使用文明、健康的无声语言，避免无声语言的粗俗，同时，人们还应读解其他人的无声语言，以达到无声胜于有声的境界。需要注意的是，每个国家和民族都有自己的语言和文化，而无声语言因国家而异。一种无声语言可能在一个国家或地区很普遍，但在另一个国家或地区，这种语言可能没有任何意义，甚至是相反的意思。因此，一个运动员经常出国参加比赛或技术交流，了解一些国家无声语言的特点，才能入乡随俗。

由于无声语言具有瞬间表达复杂而深刻含义的功能，因而它在体育活动中的作用是显而易见的，在赛场上无声语言也就成了另一道亮丽的风景。无声语言有表情语和手势语两种类型。

（一）表情语

表情语是人内心想法和感受在脸上的表达。在人与人的交往中，表达要以喜欢、生气、悲伤、快乐为主。在比赛活动中，表情的使用也应该是积极的。例如，无论运动员是否参加项目、实力如何，竞争对手之间都不能有傲慢、鄙视或嘲笑对方的表情。面对赛场上奋力拼搏的运动员，场外人士应给予支持和赞许的表情。另外，运动员和观众要懂得体育运动的真谛，要始终以微笑的表情来面对成败等。

(二)手势语

手势语是通过手的活动来传递信息的语言,具有极强和极广泛的表达力。在日常人际交往中,手势语使用的基本原则是简练鲜明、自然适度、和谐协调。手势语使用有一个禁忌,就是不能用手指他人。手势语在体育活动中扮演着重要角色。例如,裁判员的手势无疑是赛场上最生动、最富有意义的语言,干净、利落、规范的裁判手势语总是给人以美感。运动员之间也经常用击掌这一手势语来庆祝胜利或鼓励同伴。观众经常以食指和中指竖起分开形成"V"型,以此来鼓励运动员。

三、书面语言

书面语言是指通过文字和图形来传递信息的语言。书面语言是由文字和图形组成的,由于文字和图形在形状、大小和色彩上都具有无穷的变幻形式,因而精心制作的书面语言往往会对人们的视觉造成强烈的冲击,能起到很好的现场宣扬效果。在体育赛事上,书面语言得到了广泛的运用,人们以它神奇的魔力制造出了很多精彩纷呈的场景。例如,看台上啦啦队排着的整齐方阵或排成的某种图案和文字;观众拉起的横幅、照片以及标语牌;观众穿着的体育文化衫,脸上贴着的国旗图案等。赛场上的书面语言要以激励和适宜为出发点,图文内容要健康、简练、易懂,在表现上要活泼、醒目、有感召力,不可暴力化、幼稚化和粗俗化。书面语言通常包含横幅标语和观赛造型两个部分。

(一)横幅标语

在体育赛场上,最醒目而又能鼓舞士气的,当属随处可见的横幅标语。

横幅标语已经成为赛场上的一道风景,它们不但张扬着观众的热情与活力,也展示着制作者的文采。赛场上标语的底色应以红或黄等暖色为主,文字要清晰简练,内容上要带有明确的说服和感召目的。温馨、催人振奋的标语能使运动员信心倍增,也反映了制作者的文明素养,另外,观众还应该遵守赛场上有关横幅标语大小和尺寸等的规定。

（二）观赛造型

观赛造型是由观众和各种道具组成的球场景观，大舞台的观众出场可分为观众集体造型和观众个人出场造型两种。

观众的集体造型在比赛中最具感染力，如一些足球类的决赛赛场上，看台上球迷抛出的雪花状纸片；还比如俱乐部比赛时红魔啦啦队整齐的口号、富有节奏感的击掌，这些场景至今还让人记忆犹新。全场集体造型，体现了齐心协力的团队精神，是一种值得提倡的助威形式。但是，观众集体造型的内容一定要健康，要弘扬积极向上、文明向上的精神。

观众集体造型包含摆人浪、集体传球、组合人物等活动。人浪是观众在观众席内自发进行的一种游戏。礼堂内的观众依次起立落座，呈现出波浪般的效果。集体传球是指观众在看台上传递一件大件物品，有时是一面巨大的旗帜，有时是一件巨大的球衣。组合人物是指观众用不同的服装颜色，组成具有一定表现力的人物。

个人造型是指个人标志性的装扮和站台表演，个人造型也是赛场上不可或缺的一道风景线。相对而言，个人造型有更大的自我表现空间，媒体和舆论也对其有更大的包容度。但是，个人造型要符合现代社会的审美和道德伦理观念。不要赤膊上阵，不要穿奇形怪状甚至不伦不类的衣服，不要一味追求标新立异、与众不同。

四、交谈语言

俗话说："言为心声。"语言体现思维，语言传递情感。言谈不是一门科学，而是一门艺术，正是交谈使语言礼仪成为了一门艺术。学习和掌握好这门艺术，有利于思想感情的交流，有利于增进彼此的了解与体育友谊，有利于体育人际关系的和谐。所以关于交谈语言，体育运动员主要掌握以下四个方面的内容：

（一）学会赞美

赞美是一种卓有成效的交往艺术。国外有些社会心理学家把赞美看做"仙人的魔棒""点石成金之术"。无论男女老少、尊卑贵贱都喜欢他人对自己的赞美。

男士喜欢别人称道他幽默风趣、有风度；女士渴望他人赞赏自己年轻、漂亮；这些赞美同样适用于体育运动员身上。赞美能给他人带来成倍的成就感和自信心，可谓是一种感化他人的有效方法。人人都期待赞美，如能对其适度运用，会起到意想不到的效果。

1. **赞美的原则**

（1）赞美的态度要真诚。态度是影响赞美效果的首要因素，只有真诚的赞美才能打动他人的心灵。赞美实际上是对他人的敬重和肯定。如果赞美不是出自真诚，就会使对方误解，并引发防范的心理。为避免这种误会，必须确认并坚信所赞美的对象确实具备某些优点和长处，而且必须诚心诚意地敬慕和佩服，这就为赞美提供了足够充分的理由。比如在赛场上运动员称赞另一位运动员"动作完成得特别漂亮"就会很好接近彼此之间的距离。

（2）赞美的语言要得体。美国社会心理学专家海伦·克林纳德认为："赞美时，用语不当是引起窘迫、屈辱、不满的直接原因。"恰如其分地赞美他人并不是件容易的事，在具体的语言表达方式上要因人而异，如果称赞不得当，反而会遭到排斥。

（3）赞美的内容要具体。人都有自动把局部夸大为整体的特点，因此赞美的时候只要从某个局部、某件具体的事情入手就可以了。局部、具体的赞美，会显得更真诚、更可信。"你太漂亮了""你很聪明""你真棒"，这类笼统的、空洞的、缺乏热诚的赞美，给人以敷衍的感觉，有时甚至有拍马屁的嫌疑，容易引起对方的反感。但如果运动员能详细地说出她漂亮在哪里，他怎么聪明，他哪里让你感觉很棒，那么赞美的效果将截然不同，对方自然能够感受到你的真诚。

（4）赞美的频率要适度。对于运动员的赞美频率不需要那么频繁，不然会使运动员极易产生骄傲自大的感觉。

（5）赞美情况要真实。对一个嘴巴大的人，你夸他："瞧，你的小嘴多可爱！"对一个胖子说："呀，你多苗条！"还有比这更糟糕的赞美吗？这种不真实的赞美，不但不会换来好感，反而会使人心生厌恶。

2. **寻找赞美点**

赞美的主题选择很重要。很多人不会赞美他人，是因为他们没有认真观察，找不到可以赞美之处，所以迟迟开不了口。事实上，只要用心观察，你会发现每个人都有值得赞美的地方。在一些体育社交场合中，运动员要利用好以下四点。

(1)外在的和具体的。如：眼睛明亮、脸型好看、面带福相、气质儒雅、高贵洋气和身材苗条等。

(2)内在的和抽象的。如：品格、作风、气质、学历、经验、气量、心胸、兴趣、爱好、特长和处理问题的能力等。

(3)赞美对方要找对点。有的人不喜欢别人赞美他显而易见的优点，因为他认为这些优点是很自然的事情，没有必要加以恭维。相反，如果赞美他鲜为人知的优点，他会很有成就感。

(4)运用第三者的口吻赞美。借第三者之口的赞美是社交礼仪中经常使用的一种形式，就是通过第三者效应来阐述一个事物的美好和与众不同，这样更容易让被赞美者接受，往往也会收到意想不到的效果。

(二)学会幽默

有人这样说："没有幽默感的文章是一篇公文，没有幽默感的人是一尊雕像，没有幽默感的家庭是一家旅店，而没有幽默感的社会是一潭死水。"不论什么场合，我们都喜欢幽默的人，也希望自己成为一个幽默的人。有什么方法可以使运动员变得更幽默一些呢？

1. 自我解嘲

在与人的交往、沟通中，有的人听不得半点"逆耳之言"，别人的言语稍有不恭，不是极力辩解就是大发雷霆，其实这样做是十分愚蠢的。这不仅无法赢得他人的尊重，反而会让人觉得你不易相处。采取虚心、随和的态度，以自我解嘲的方式缓和双方之间的紧张气氛，将使你与他人的合作更加愉快。

2. 灵活善变

在消除误会、化解冲突的过程中，幽默往往发挥着神奇的魔力。在日常生活中，遇事应灵活善变，从不同的角度出发，从而消除紧张的气氛，化解矛盾。

3. 委婉调侃

在人际交往中，幽默的情怀无疑就像湿润的细雨，可以冲淡紧张的气氛，缓解内心的焦虑，缩短彼此间的距离，即使是在很多不愉快的情境下，也能消除尴尬。但是要做到幽默适度，却并不是件容易的事。在日常生活中，学会委婉调侃，能有效化解尴尬的局面，从而把冲突扼杀在摇篮中。

其实在比赛场下，我们每个人都可以变得幽默一些。只要你学习让嘴角往上翘，换个角度欣赏事物，即可学会幽默，走出尴尬。幽默被誉为"没有国籍的亲善大使"，它能使你建立和谐的人际关系，摆脱困难的处境。但要成为幽默的人，就要具备广博的知识和深刻的社会经验，敏锐的洞察力和丰富的想象力，高尚优雅的风度和乐观轻松的情绪，良好的文化素养和高超的语言表达能力。

（三）学会拒绝

在人际交往中，由于某种原因而不得不拒绝他人的情形是经常有的，很多人为此而烦恼。拒绝可能会伤害、得罪他人，不拒绝却会让自己很为难。到底该怎么做才能两全其美呢？为了最大化地降低拒绝所产生的负面影响，我们需要掌握一些拒绝的技巧。既让对方了解自己的苦衷，又不至于伤害对方的自尊，从而达到拒绝的目的。运动员在出国比赛时，可能会遇到各种各样的问题，在面对使自身不适的场合时，也要懂得拒绝。

1. 该说"不"时就说"不"

如果在一开始的交流中就斩钉截铁地说"不"，委实不妥。但是不要因此而放弃拒绝他人的权利，即使这样做会破坏他人对自己的期望。但办不到的事终究还是办不到，也许如此一来，请求你的人会暂时表现出失望，但总比最后埋怨你要好得多。所以在考虑答应对方的请求前，应先仔细盘算自己是否力所能及。如果答案是否定的，就要认真想想，如果现在答应办的事，之后又因种种原因办不了，一旦失约，对方就会对自己产生不信任感。因此，鼓起勇气将之拒绝则是最明智的选择。

2. 道明原委，互相理解

人们拒绝对方总会有一些原因，而这些原因对方未必都很清楚。在拒绝他人的时候，不妨将拒绝的理由及自己的难处一并告诉对方，只要是真诚的，对方多半能给予理解。

3. 巧言诱导，委婉拒绝

在拒绝别人的时候我们不妨在言语中安排一两个逻辑前提，不直接说出结论，而是把逻辑上必然产生的否定结论留给对方推断。这样，既能表达自己的诚意，又能让对方了解真相。

4. 拒绝后采用"补偿性措施"

无论拒绝的方法多么有礼貌，多么富有人情味，但是拒绝终归不能博得对方的好感。为了缓解对方因自己的拒绝而产生的不快情绪，也为了表达自己的诚意，我们不妨在拒绝的时候，主动为对方考虑一下退路或做出"补偿性措施"，从而消除对方的失落感。

5. 先肯定，后拒绝

我们在同意对方一部分观点的情况下，采用"先肯定，后拒绝"的方式是最常用的拒绝方法。例如："是的，您说的很对，但是也许这样会更好……""你刚才的意见有一定的道理，但我以为还是……更好""能与你一起合作我会非常高兴的，只是我这个摊子就够一个人忙的了，真遗憾，失去了一次合作的机会。你看找别人行吗？"

6. 先商量，后拒绝

我们在完全不同意对方观点的情况下，采用"先商量，后拒绝"的口吻比一开口就拒绝要婉转得多。例如："我们能不能换一个角度来考虑问题？……，如果不行，那我就谈谈我的看法……"

（四）学会批评

在这个世界上，没有人永远不犯错误。在他人犯错误的时候，你可能忍不住大发雷霆。狂风暴雨过后，你会发现"善意"并没有被对方所接受，结果甚至还会令人沮丧。这是因为批评对谁来说，都不是一件愉快的事，所以我们有必要掌握批评的技巧和方法，使之达到春风化雨、润物无声的效果。在一些团体类比赛中，如果队友表现不佳，这时候运动员提出批评，可能会让他的状态回升。具体可参考以下四点。

1. 私下进行

没有人希望在自己受到批评的时候召开一个"新闻发布会"，让所有的人都知道。被批评本来就不是一件光彩的事，公之于众更会让对方感到"丢面子"。所以"丢面子"往往是对方拒绝接受批评的首要原因。为了维护被批评者的"面子"，在批评的时候要尽量私下进行，避免第三者在场。

2. 对事不对人

批评时一定要针对事情本身，而不要针对个人。谁都会做错事，做错了事，错的只是行为本身，并不代表他这个人如何。所以，批评时，一定要对事不对人，不能因为做错了事而否定对方的能力。谁都怕别人否定自己，所以不要让对方觉得是自己的能力不行才办砸了事情。

3. 提供正确的答案

批评他人的同时，必须告诉他怎么做才是正确的。一定要他明白，不是想追究他的责任，只是想解决问题。这样的批评方式，往往最容易让对方接受。

4. 在和谐的气氛中进行

批评他人不要一上来就发泄你的"牢骚"，先尽可能地创造一个和谐的气氛。因为一般做错事的一方都有一种本能的害怕情绪。如果很快地进入正题，被批评者很可能会产生不自主的抵触情绪。所以，先让他放松下来，然后再开始你的"慷慨陈词"，这样才能达到比较理想的效果。

五、类语言

类语言是一种有声无词，但有一定语义的语言，包括声音成分和功能音素，如赛场上的欢呼声、吹嘘声、叹息声等。另外，掌声、器乐（如锣鼓）声等也算是类语言。

在赛场上，无论是运动员还是观众都要尽量使用积极的、鼓舞士气的类语言，用欢呼声和掌声为运动员加油，避免使用带有嘲笑和埋怨用意的类语言。如果观众要使用乐器为运动员助威，应得到许可再把乐器带到场内。在使用时，乐器的打击节奏要配合运动项目的特点，不要一味喧闹，影响赛场秩序。

第三章
体育活动者的社交礼仪

第一节　交往礼仪
第二节　聚会礼仪
第三节　旅行礼仪
第四节　国际礼仪

社交礼仪是人们在社会交往中表达相互问候、友好致意、衷心祝愿的行为准则和习惯形式。在体育事业蓬勃发展的今天，体育人员经常出国进行各种技术交流或参加国际比赛。了解和掌握当今世界社交礼仪的基本特点，熟悉社会交往中的称呼、介绍、谈话、宴请、旅游等礼仪要求，对于树立个人乃至国家形象具有重要作用。同时，还能促进人与人之间的相互理解和友谊。本章将从交往礼仪、聚会礼仪、旅行礼仪、国际礼仪四个方面展开论述。

第一节 交往礼仪

社会是人与人交往的产物。没有人际交往，就不可能有社会。一个人要想生存和发展，就离不开社会交往。人际交往要遵循一定的交往礼仪。了解和掌握基本的交际礼仪并在实践中正确运用，不仅可以让我们在处理人际交往时表现得游刃有余，而且还会受益匪浅。不管是体育赛场，还是体育活动，交往礼仪的培养对于运动选手来说都特别重要。

一、称谓礼仪

传统意义上的称谓，是指称呼亲戚、朋友、同事或其他人员时所使用的一种礼貌用语，能够恰当地反映当事人之间的从属关系。称谓从这一意义上讲包括了非常广泛的内容，例如，姓名称谓、性别称谓、亲属称谓、职务称谓等。我们这里所说的称谓是指现代社会活动中使用的国际通用称谓，恰当地使用国际通用称呼是现代社会活动中人们的基本礼貌和礼仪。当然称谓在一些体育活动中也是打破社交壁垒，彰显本国礼仪的有效手段之一。

在国内体育活动的社交场合中，男性可称"先生"，女性可称"女士"，未婚女性也可称"小姐"。在国外，无论男士是否结婚，都可以称其为"Mister"，已婚女性则称其为"Mrs"或"Madam"；未婚女子称"Miss"，"Mrs"泛指所有已婚女性，而"Madam"是则是对"Mrs"的尊称，用来指社会地位较高的女性。对于很熟悉的人士也可以加上全名，如×××先生(女士)。

无论在国内还是国外，对于一些出席社交场合的特殊身份人士，如政府高官、医生、法官、军官、教授、博士等，不能简单地称呼为"先生"或"女士"，称谓时应冠以正式的头衔，以表示对他们的尊重。

二、介绍礼仪

介绍是人与人交往的开始，也是人际关系顺利进行的基础。介绍的方式有自我介绍、为他人介绍和被他人介绍三种。

（一）自我介绍

在人际交往过程中，如果想结识某些人或某个人，而又无人引见，这时就可以将自己直接介绍给对方，但是在有相关介绍人时，无需自我介绍，如果贸然介绍自己，则是不礼貌的。

在进行自我介绍时，可主动向对方打招呼说，"你好！"，得到对方回应后，向对方点头或向对方伸出手，告知姓名和身份。自我介绍要注意如下三项原则。

1. 时机恰当

进行自我介绍时，要把握恰当的时机，不能不分场合，贸然前介绍自己。一般可以选择对方比较悠闲、放松，心情惬意，对我们产生兴趣的时候。在进行自我介绍时对于语言的把握要精简，时间不宜过长，30 秒就好。为了不占用太长时间，又能完美地介绍清楚，可以将自己的名片或者介绍信递给对方加以辅助。

2. 态度诚恳

一般我们作自我介绍时，一定有诚恳的态度，做到自然、友善、亲切、随和。在具体工作或表现形式问题上则要态度显得落落大方、彬彬有礼，避免紧张、畏怯、语无伦次。

3. 真实、清晰

在做个人自我介绍时，首先要注意实事求是，真实可信，不能随意吹嘘或夸大。

（二）为他人介绍

将某人介绍给其他人时，礼节的顺序应该是：将晚辈介绍给年长的，级别低的介绍给级别高的。如果双方年龄和职位相同，则将男方介绍给女方，将家人介

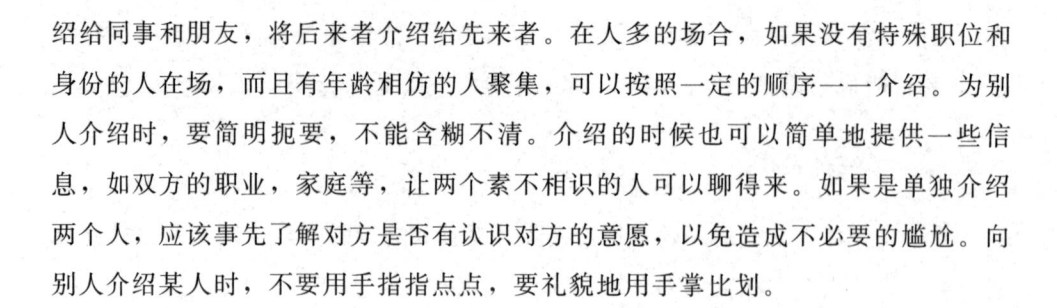

绍给同事和朋友，将后来者介绍给先来者。在人多的场合，如果没有特殊职位和身份的人在场，而且有年龄相仿的人聚集，可以按照一定的顺序一一介绍。为别人介绍时，要简明扼要，不能含糊不清。介绍的时候也可以简单地提供一些信息，如双方的职业、家庭等，让两个素不相识的人可以聊得来。如果是单独介绍两个人，应该事先了解对方是否有认识对方的意愿，以免造成不必要的尴尬。向别人介绍某人时，不要用手指指点点，要礼貌地用手掌比划。

（三）被他人介绍

当你被熟人介绍给别人时，你应该面对对方，表现出想要了解对方的诚意。介绍完毕后，可以握手说"你好！""久仰！"等客气话来表达友好。如果是男性被介绍给女性，应点头并微微鞠躬，等待对方回应。一般来说，男人不应该先伸出手。如果对方伸出手来，男士应该立即伸出手，轻轻握住。如果你是女性，当你被介绍给男性时，一般都是礼貌地微笑点头，如果你想握手，可以先伸出手。介绍时，除女士和长辈外，一般应起立，但不一定要在宴会桌上或会议桌上起立。被介绍的人只需微笑点头表示即可。

在社交场合，相互介绍时一般需要握手。宾客、青年人、地位低的人见面先打招呼，待对方伸出手后再握手。多人同时握手时，切忌交叉进行。应该等待其他人握手完后在伸手。男士握手前应脱下手套和帽子。握手时，应相视而笑。青年人与长辈握手时应微微鞠躬，身份低者同身份高者握手，应双手握住对方的手，以示尊重。男士与女士握手时，应只轻轻握住女士的手指即可。这一点同样也适用于运动员社交。

交换名片也是相互介绍的一种形式。给别人名片时，应双手递出，面带微笑，注视对方。接受对方的名片时，也要用双手收回，轻念对方的名字，然后郑重收好。

三、交谈礼仪

交谈是人们交流思想、沟通感情、建立联系、消除隔阂的重要渠道。还可以协调关系，促进合作。然而，在人际交往中，人们谈话的效果却大不相同。事实上，一次成功的谈话取决于一定的礼仪规范。在现实人际交往中，谈话礼仪主要体现在以下五个方面。

(一)真诚坦率

真诚与坦率既是做人处事最起码的美德,也是指导人们进行交谈及为人处事时的根本原则。在交谈中,双方的沟通态度均应做到认真、诚恳,只有如此才能为沟通创造良好的环境,才能使交谈达到事倍功半的效果,也能使双方感受到谈话的诚意,使交谈最终取得成功。和别人交谈时,只要发自内心的表达自己想法和建议,才能和谈话对方引起情感的共鸣,才能使交谈取得意想不到的效果。

(二)互相尊重

谈话是双方思想感情的交流,是双向的活动,要达到满意的谈话效果,必须考虑到对方的心理需求。在谈话中,对方的尊重是任何人都希望得到的,不论地位高低,无论年龄大小,谈话双方的人格都是平等的,切不可霸道、自以为是。交谈时,应将对方视为平等的沟通对象,在心理、言语、语气等方面表现出对对方的尊重,尽量使用礼貌用语,谈到自己时可以保持谦虚,谈到对方时也要表示出充分的尊重与信任。

(三)话题适宜

与人交谈时,选对话题是继续交谈下去的前提。一般来说,不熟悉的人或陌生人开始交谈时,应先使用礼貌的问候语,如"早上好!",并在双方打算继续对话时交谈其他话题。熟人或朋友之间的交谈往往以深情的问候开始,这不仅是必不可少的礼貌,也为谈话的内容做了铺垫。熟人或朋友之间一般没有话题限制。只要大家感兴趣的,几乎任何主题都可以作为话题。

在现代社会交际场合中,话题的选择应以双方感兴趣和熟悉为原则,如健康活动、国内外重大事件、工作、文体活动等一般每个人都感兴趣的话题。话题也应尽可能符合谈话双方的年龄、职业、性格和心理特点。在社交场合应避免以下话题:疾病、死亡和其他不愉快的事情;荒谬、色情的东西;个人隐私(如女性年龄、婚姻状况、个人履历、收入、财产、衣着价格、私生活等);国家内部事务和机密;第三方的评论或批评等。男性一般不参与女性圈子的谈话。

值得注意的是，在去国外比赛期间，体育人员对外谈话要严格保密。这里的保密主要是指赛前准备、比赛计划、阵容以及运动员和教练员之间的各种关系。赛前，一般不向记者发表有关内部情况的评论，同事间的讨论和意见交流应在具备保密条件的场所进行。涉及重大国际问题的态度必须符合我国外交政策，不知道或者敏感话题都不应涉及。不得在饭店、旅馆、汽车等公共场所讨论国家内部问题。在社交场合交谈，首先要弄清楚对方的身份，这样谈话才会得体、有针对性，对于不认识的人、不熟悉的人不要深谈。

（四）掌握分寸

谈话是在两个或更多人之间进行的。没有人可以想说就说，想不说就不说，但也不能只说自己感兴趣的，不让别人说或者打断别人的说话。说话者必须考虑到对方的情绪和反应。有时，由于民族习惯、文化背景和个人修养的差异，说话者实际表达的思想很难被听者理解，甚至可能产生误解。遇到这种情况，说话者一定要把握好分寸，谦虚有礼。

谈话中出现意见分歧时，不要完全否定对方，而是委婉地表达自己的看法，与对方商量。当对方表现无礼时，你应该宽容和克制。不能咬牙还击，出言不逊，更不要训斥、嘲笑对方。如果可能的话，你应该用友好的方式说服对方，让对方平静下来。如果对方的言论有损于你的组织或国家，你应该以严厉和礼貌的态度予以反驳。

在某些特定的场合和情况下，可能需要终止与对方的通话。如有必要表明立场，可在对方结束或停顿时陈述自己的观点；如果还有其他紧急事情要处理，你需要说"对不起，我有急事，下次再说。"等；如果对方态度过于强硬，甚至是侮辱性的，你也可以用"好吧，谈话到此结束"来结束谈话。

另外，一般不要使用对方听不懂的语言，如方言、母语或外语，尽量使用与对方一致的语言。如果对方说普通话，就要用普通话跟他们交谈。在谈话中，还要注意根据对象选择不同的表达方式。例如，与普通市民打交道，宜使用通俗易懂、贴近日常生活的日常语言，而不宜使用深奥的哲理语言或枯燥的逻辑推理，谈话应该以简单的方式进行。

（五）善于倾听

在我们谈话交流过程中，要注意是否有认真在听别人讲，是否目光一直在讲话者身上。这也是交际需要注意的要求。任何人也许都有这样深刻的体会，当我们用倾听的态度和温和的目光注视着谈话人时，彼此都会感受到相互尊重、友好。而那些在谈话中四处张望，不认真倾听谈话人士，或者翻阅杂志、书籍和报纸，甚至注意其他似乎与他们的谈话无关的事情，往往会给别人留下不好的印象。而那些在谈话中随意地打哈欠、伸懒腰，或是不说话时低头看钟表、心不在焉的人也会留下负面影响。因此，在实际谈话交流过程中，听者更应该设身处地地站在说话者的思维角度上，用自己适当得体的面部表情、语调与肢体语言，来表示自己对讲话者的专注与反馈，而这也是一种最基本的礼貌。

在谈话活动中，眼睛注视是最受关注的。为了体现说话者之间的尊重和礼貌，说话者和听者都应该注意眼睛的社交注视区间。所谓社交注视区间，是指人们在普通社交场合所采用的注视区间。这个区间的范围是以两只眼睛为上线，以下颌为顶点连接起来的倒三角形区域。盯着这个区域最容易形成一种平等的感觉，可以使谈话者感到轻松自然，从而更自由地发表自己的看法和意见。

四、电话礼仪

电话是现代社会经常使用的通讯手段和交流工具，为了让电话交谈顺畅和富有成效，每个人都应该了解电话礼仪。

（一）打电话礼仪

打电话给某人时，第一步是选择合适的时间。一般业务电话应在工作时间拨打，并应尽量接通对方单位。如果确实需要给对方家里打电话，最好在早上8：00之后，晚上10：00之前，最好要避开吃饭时间和午休时间。

拨打电话后，首先要先介绍自己，核实对方身份，如有必要，应询问对方是否方便，等对方方便后再开始对话。如果你要找的人不在，你想让接电话的人转达，你可以说"对不起，请告诉某人某事"，然后询问对方的名字和对对方说"谢谢"。如果拨错号码，应立即说"对不起，我拨错了"。通话用语要文明礼貌，通话内容要简明扼要。如果是你打去电话，你应该说"再见"，然后轻轻放下电话。

（二）接电话礼仪

当听到电话铃声时，应该立即接听。最好不要让铃声响五声，以免让对方等太久。如因故不能立即接听电话，应在接听电话时道歉并作出适当解释。

拿起话筒后，如果对方不说话，你可以先简单自我介绍，如"你好，我是××"。作为接听者，在通话过程中，首先要确认对方的身份，然后仔细听对方在说什么，并及时作出回应。必要时可以重复对方的谈话，重要的内容要简明扼要地记录下来，如时间、地点、联系方式、需要解决的问题等。接电话时，语言要文明礼貌，态度要热情谦虚，语气要平和，音量要适中。接电话的时候最好不要做其他事情，更不要和身边的人说话或者边吃边玩接电话。电话结束时，尽量让对方结束通话。如果你真的需要立即结束，你应该解释并道歉。通话结束后，应等对方放下话筒，再轻轻放下话筒，以示尊重。

接到找人电话时，应礼貌地确认对方身份。确认对方身份后，可以说"请稍等"，然后迅速找到指定接听人。如果指定的接听人不在，对方要求转接电话，这时应该做好详细的通话记录。记录好后，最好再跟对方重复一遍，以免遗漏或记错。接错电话时，应礼貌地告诉对方"对不起，您好像拨错了"。如果对方说"对不起"，你可以回答"没关系"。这时候，无论是说话还是挂断电话，都不要太粗鲁。

（三）使用手机礼仪

手机已经成为现代社会人们必不可少的通讯工具。人们在享受手机给生活带来便利的同时，也要遵守使用手机的礼仪，不要给他人带来困扰。

首先，使用手机必须遵守社会公德。在楼梯、电梯、十字路口、人行道、公交车等公共场所，一律不得使用手机。使用时应尽量压低声音，切勿大声说话。在参加重要聚会时，如会议、宴会、舞会、音乐会，或在图书馆、展览馆、电影院、剧院等场所，应将手机调成静音或振动模式。当你需要和别人说话时，你应该找一个周围没有人的地方，而不要在公共场合和对方讲话。手机短信的收发也应该处于静音或振动模式。在短信内容的选择和编辑上，要文明礼貌，不健康的短信不能编辑转发。另外,不要在手机上查看短信时与他人交谈。

其次,使用手机要注意安全。驾驶车辆时,不能用手机通话或收发短信,否则极有可能引发交通事故。飞行时一定要自觉关闭手机,以免干扰飞机导航系统。在加油站或医院逗留期间,不得开启手机,以免引起火灾或影响医疗设备的正常使用。另外,凡有禁止使用手机的文字或图标,请遵守规定,不要使用手机。

五、馈赠礼仪

在国内外体育大赛上,体育活动人员经常会互赠小礼品,以增进友谊和留作纪念。由于体育活动的特殊性,尤其是在国外的赛事,如果涉及礼品馈赠,一定要注意馈赠的礼节。

(一)赠送礼品

1. 礼品的选择

运动员之间赠送的礼物往往是一些小礼物。选择礼物时,要突出礼物的纪念性,如亲笔签名的绘本、明信片、纪念奖章等都是很好的纪念礼物。如果是给外国运动员的礼物,要突出礼物的民族特色,如京剧脸谱、剪纸、丝巾、玉佩、风筝等,这些小礼物很受外国友人的欢迎。一般不要赠送昂贵的礼物,也不要赠送药品、保健品,更不要赠送违反受赠国社会规范的礼物。例如,一些国家对颜色、形状、图案和数字都有相应的禁忌,选择礼物时应考虑这些因素。男女送礼都要慎重,一般情况下,不应赠送个人物品,以免造成误解。值得一提的是,在给组委会成员或比赛裁判送礼品时,要选择得当,以免涉嫌受贿。

2. 礼品的包装

选好礼品后,不要直接送出,要对礼品进行适当的包装。精美的礼品包装设计不仅会使礼品本身的包装外观变得更具艺术色彩,也同样能充分显现出送礼人的高贵品位。

3. 赠送时机

赠送礼物时应选择恰当的时间和场合,一般可以在相见、送别和其他特定的仪式上。要用落落大方和友好谦逊的态度赠送礼物,语言上也要表示出应有的客气和礼貌，能彰显我们宽容、尊重的礼节。需要注意，在客人多的场合，也不能把礼物只送给其中的一个人。

（二）接受礼品

一般情况下，运动员不应拒绝对方送的小礼物或小纪念品，但对于贵重物品应礼貌谢绝，如果觉得送礼者别有用心，也应拒绝。女运动员不要随便接受异性的物品，尤其是戒指、内衣等贴身物品。

接受礼物时，无论礼物是否符合自己的意愿，都要表达自己对礼物的重视，表达对送礼人的感激之情。对于包装好的礼物，西方人会立即打开欣赏并称赞。东方人比较矜持，一般不会亲自打开包裹。收到别人的礼物应尽可能再给予回礼。

第二节　聚会礼仪

在体育人员参与的各种活动中，聚会是一种比较常见的形式。聚会是两个或两个以上的人为了某种目的或活动在某个地方举行的聚会。在社交活动中举行的聚会称为社交聚会。参加社交聚会必须遵守适当的聚会礼仪。

一、做客礼仪

运动员在参加比赛期间，有时候会去当地人家做客或者拜访，因此，也需要遵守相应的礼节，以显示我们中国运动员对西方国家的尊重和礼貌。一般拜访他人要选择合适的时间，不要在他人用餐或休息时去拜访。在拜访前应提前告知对方，以免造成尴尬和不便。选择拜访的时间适宜在午休后和晚餐后，也可以选择休息日。拜访前还应告知对方过去的计划，能使对方提前做好准备。和对方约定拜访时间和相关事宜后，不能轻易失约或迟到，遇到特殊情况需告知对方，并向对方表示歉意。

拜访前，要适当地整修外表，做到仪表整洁、着装大方，以示对主人的尊重。到主人家门前，应主动上前轻轻敲门或按门铃，当有人开门或出来迎接方可进入，不能在门口大声寒暄。即使遇到门开着，也不能贸然进入屋内，也需敲门并告知主人。敲门和按门铃时也需注意声音和节奏，易显得自己有修养、有礼貌。

进门后，若有需要可以在主人的安排下换上拖鞋，并将自己随身带来的物件，放在应摆放的位置，如雨具、帽子、大衣等，不能随意扔在地上或一旁。也可以按主人的要求摆放。面对家里的人都应一一问好，不管是否认识。待主人安排妥当坐位后便可随意就座。

在别人家里做客，要有合适的举止和应有的礼貌。当主人端上茶时，要立刻起身微笑并道谢，双手举杯迎接。对于送上来的水果或点心，要在主人劝吃后再食用，果皮、果核不能乱扔乱放。对于自己不喜欢吃的水果或食品，要委婉地谢绝。运动员是不能吸烟的，如遇到主人敬烟，应礼貌谢绝。宾主谈话一般是在客厅进行，因此，其他房间没有得到主人的允许万不可闯入。也不能随便翻弄主人家里的其他东西。和主人交谈时，要尽量有礼有节，有要事应主动尽快表明其来意，不要显得漫无目的，浪费时间。

做客时间一般不宜太长，当事情谈完后，要及时起身告辞。离开时，如果主人出门相送，应请主人留步并道谢。

另外，运动员外出做客时，应向领导请假，不能擅自离开集体，要按时归队，及时向领导销假。

二、宴会礼仪

运动员在参加国际比赛时，往往会被邀请参加正式的宴会和招待会。宴会是国际国内社会交往中常见的高级礼仪形式。宴会当中的一切事物，如服务员的数量、装束、人员座位安排、餐具数量、桌子摆放、酒水以及整个餐厅的布局都非常讲究。

当收到宴会邀请函时，要尽快通知邀请人是否可以出席宴会。如果能去参加宴会，最好问清楚具体的规定，如详细地址和时间、请柬的目的、当时宾客的情况、着装要求等。提前做好准备可以避免突然的失误。一旦接受邀请后，不能不去或迟到，如果擅自更改，因意外不能前往，必须提前说明并道歉。不能接受邀请应该礼貌拒绝。

赴宴前，应保持整体的整洁性，最好沐浴后换上干净合身的衣服。参加宴会时，不要带不速之客，如未被邀请的人员（朋友、子女和配偶）参加宴会。

赴宴时，要准时到达。迟到是非常不礼貌的，但太早到达也是不礼貌的。到达宴会地点后，应先到主人的迎宾处。当主人向你打招呼和握手时，你要及时回应，打招呼。入座时，一般都有服务人员引导，凭自己的座位卡在座位上就座，不要坐错座位。

宴会上，只有主持人宣布用餐时才可以用餐。边吃边谈是聚会的重要形式，一直低着头吃饭是不礼貌的，你应该主动与人交流。餐桌上，尤其要注意与主人交谈，不要总是和认识的人交谈，谈话的话题要轻松、优雅、有趣，不要涉及对方敏感或不愉快的话题，并做到不在聚会和晚宴上发表不当言论。

在比较正式的宴会上，主人一般会举杯祝酒，此时所有宾客都必须暂停进餐和谈话，专心聆听，必要时起立敬酒。

吃完饭，如果主人没有别的安排，客人就可以和主人告别。一般来说，宴会结束前不要离开。

三、招待会礼仪

招待会礼仪通常是指一些不准备正餐的宴会，一般常用的有自助餐、酒会形式。接待场所一般备有餐饮，没有固定座位。客人可以自由选择饮品和食物，与不同的人坐，组成不同的社交圈，边吃边聊自己喜欢的话题。

一般来说，参加酒会，吃饭是次要的，适当的人际交往才是重中之重。那些只顾躲在僻静的地方吃喝，与在场其他人没有任何形式接触的人，不可取，也是对主人的不礼貌的方式。

如果应邀参加自助餐招待会，了解并遵守自助餐礼仪也很重要。自助餐礼仪体现在以下五个方面。首先，排队领取食物。自助餐通常用来招待很多客人，所以在就餐和取菜时要自觉维持秩序，讲究先到先得，排队选菜。其次，用普通的叉子和勺子夹菜。取食前，必须准备一个食盘。轮到自己取餐时，应使用公用餐具将餐具放入自己的餐盘中，然后迅速离开。不要在一大堆食物面前犹豫不决，让身后的人久等，更不要在取食时挑三拣四，甚至直接动手或用自己的餐具取食。再次，顺序取菜。在自助餐上，上菜的顺序应该是：凉菜、汤、热菜、点心、甜点、水果。另外，多次少取。在决定选择某种菜肴时，每次只吃少量。品尝后，如果觉得合适，可以再去取，直到吃饱为止。不要为了图省事一次取太多，造成浪费。最后，归还餐具。用餐后，应将用过的餐具整理到一起，归还到指定地点。

四、就餐礼仪

任何国家的餐饮都有一定的礼仪规范而且种类繁多，要想通晓全部不太可能，但有一些基本的就餐礼仪还是要知道的。

（一）餐桌上的礼仪

1. 正确使用餐巾

餐巾在中西餐桌上已经被广泛使用，餐巾的主要作用是防止食物掉到衣服上，用餐后擦掉嘴巴和手上的油渍。吃饭前，要等到大家都就座后，坐在上座的尊者拿起餐巾后，自己才能拿起餐巾并铺在双膝上端。一般日常场合，可将餐巾放在桌上，一角朝向胸口，用手压一下。临时离开座位时，将餐巾折好放好在座位上。用餐后，将餐巾折叠起来放在桌子上。

餐巾纸可用来擦嘴或擦手，使用时可折叠成三角形或长方形，擦拭时面朝下用餐巾角轻轻压住嘴唇，将污渍全部擦干净。餐巾应始终保持干净。不得用餐巾擦脸、擤鼻涕或用餐巾擦碗。不要使用弄脏或起皱的餐巾。如果餐巾很脏，请服务员更换。

2. 文明用餐

进餐时身体要端正，上臂和背部靠在椅背上，腹部与桌子的距离约为一拳。脚应踩在座下，不能随意伸直。不要将手肘放在桌子上。肘部应向内倾斜，不可向两侧松开，以免触及邻人。用餐期间，不要在公共场合解扣子或脱掉外衣。如果主人要求客人脱掉外套，男方可以把外套脱下来放在椅背上，但不能把外套或随身携带的东西放在桌上。女士不能在餐桌上补妆或整理头发，也禁止挖鼻孔、挖耳朵、抓头皮等小动作。

吃饭时要温文尔雅，小口吃，不要狼吞虎咽。吃饭的速度要和大家同步，不能太快也不能太慢。进食时要以嘴迎食，而不是弯腰用嘴吃食。吃饭时不要用手端着盘子，更不要拿起。如果要拿放在同桌其他客人面前的调味品，应该请邻座帮忙递过去，不要直接伸长胳膊直接去拿。最好不要在餐桌上剔牙。如果剔牙，请用餐巾或手捂住嘴巴，切勿嘴里叼着牙签与他人交谈。

吃饭时避免发出太大的声音，最重要的是不要发出很大的咀嚼声。吃东西时最好闭嘴咀嚼，细嚼慢咽。喝汤时，最好用小勺子送入口中，不要直接喝。如果汤太烫了，让其冷却一会儿，不要边吹边喝。使用餐具时要轻拿轻放，不要大声碰撞。

吃的时候，如果有鱼刺、骨头等残留物，不要直接吐到盘子里，更不要扔到桌子上或地上，而是用手放在自己的盘子里，或者放在餐厅准备好的盘子里或事先准备的在纸上。

饭桌上说话是难免的，但是嘴里有食物的时候要避免说话，被别人看见是很不礼貌的。说话时，最好放下餐具。说话时挥动手中的餐具，或拿餐具指着别人，都是非常不礼貌的行为。

餐桌上经常有人抽烟，运动员是禁止抽烟的。如果有人提供香烟，他们应该礼貌地拒绝。

3. 妥善处理意外

在饭桌上，由于自己的粗心或其他原因，可能会发生一些意外。这时候不要惊慌，不要大喊大叫，尽快妥善处理。

吃饭的时候，刀叉不小心掉在了地上。如果弯腰去捡，不仅姿势不雅观，还会影响身边的人。这时候可以示意服务员处理和更换餐具。

如果遇到难吃的食物或异物，一定要注意不要引起一起吃饭人的不适，但也不必勉强自己去吃变质的食物。可以用餐巾捂住嘴，把食物吐到餐巾上，让服务员换一条新餐巾。

用餐时打嗝或打喷嚏是不礼貌的。万一出现这种情况，可以通过喝水、屏住呼吸等方式控制，如果还是不行，就应该去洗手间处理一下。

如果有东西洒在桌子上，不要惊慌，请服务员清理干净。如果不小心把菜汁洒在了邻座的衣服上，应该向对方道歉。如果别人弄脏了你的衣服，也不要太担心。

(二)西餐桌上的礼仪

西餐礼仪是比较复杂的。应该注意的是，如果在餐桌上有不懂的地方，要尽量跟着主人去做，不要因为不懂装懂而失礼。

1. 宾主座次

在比较严肃庄重的西式宴会上，主人和客人要按座次坐。男主人应该坐在主位，即使客人的身份、地位、年龄高于主人，也应该坐在副位。一般的安排方法是主人做主位，右边是第一位重要客人的夫人，左边是第二位客人的夫人。而女主人应坐在男主人的对面，两边坐男性客人。如果是非正式的西餐，座位安排不是很重要。

2. 餐具的使用

西餐的一个显著特点是食物共享。用餐时，个人点自己的菜，吃自己的菜，互不影响，这体现了西方人独立的思想和习惯。西餐的另一个特点是餐具多。餐桌上摆放着20多件大小不一的杯、盘、刀、叉等银器。餐桌上，餐具按照上菜顺序精心摆放：餐盘放在座位前方，叉子放在左边，刀子放在右边，勺子也放在右侧。餐盘上方放上吃甜食用的勺子和叉子，然后将各种酒杯稍微靠右放置。这些酒杯从右边开始分别是红酒杯、香槟杯、啤酒杯（水杯）。餐巾叠放在啤酒杯（水杯）中或放在食物盘上。面包盘在左手边，上面放着一把黄油刀。晚餐的刀叉数量与菜品数量相等，并按上菜顺序由外到内依次为前菜、鱼、肉。

使用刀叉时，左手拿叉，右手拿刀。切东西时，左手拿叉子夹食物，右手拿刀切成小块，用叉子送入口中。使用刀时，刀刃不应朝外。用餐中途需要休息时，应将刀叉摆成"八"字形放在盘子中央，表示还没有吃完。每吃完一道菜，把刀叉并排放在盘子上，表示吃完了，可以把这道菜或盘子拿走。任何时候都不要将刀叉的一端放在盘子上，另一端放在桌子上。

3. 一些食物的吃法

西餐的菜品比较简单，一顿饭也就几道菜，不会有浪费。有些菜和中餐一样，但是吃法却大不相同。吃西餐时，应按西餐礼仪享用美食。

(1)面包。吃面包的时候，一般都是用手把面包掰成小块，抹上黄油，抹一块，吃一块。小的三明治和吐司是用手吃的，大的切开再吃。

(2)肉。肉通常是大块的。吃的时候，用刀叉把肉切成小块，一口大小就好。吃一块，切一块，不要一下子切完，更不要用叉子把整块肉叉到嘴里，咬、嚼、咽。如果吃牛肉（牛排），点菜时可以根据自己的喜好决定生熟的程度。吃带骨头的肉时，先用叉子把整块肉固定好，再用刀把肉切开，边切边吃。如果骨头很小，可以用叉子将其放在嘴里，嘴巴里的肉和骨头分开后，用餐巾纸盖住嘴，再把骨头吐到叉子上，再放在盘子里。对于需要直接"动手"的肉类，洗手水往往与肉类同时上桌。

(3)鱼。吃鱼时不要把鱼翻过来。上层吃完，用刀叉把鱼刺去掉，再吃下层。

(4)沙拉。沙拉的习惯吃法是用叉子把大片的生菜叶切成小块。如果不好切，可以刀叉一起用。一次切一块，吃完再切。

(5)水果。一般水果作为甜点或与甜品一起食用。吃水果的关键在于如何去核。如果有刀叉，用刀把水果切成四块，去核，用叉子吃，注意不要把汁溅到外面。没有刀叉的时候，可以用两根手指从嘴里轻轻把果核挑出来，放在果盘边上，直接从嘴里吐出果核是非常不礼貌的。

4. 自己去餐馆

在国外，自己去餐馆吃饭相对简单。一般在餐馆门口均有专门的带位员，主要负责用餐人数、座位选择及离开前的一些事宜。例如，在入座前，带位员会将顾客的随身物品妥善保管，在离开前，提醒客人带全物品等。

在餐厅点餐时没有特殊规定。服务员会先请客人点酒水，然后拿出菜单让客人选菜。点菜和上菜的顺序大致是：凉菜、主菜、奶酪、糖果或水果，最后是咖啡或茶。点好菜后，服务员会摆好餐具。有些中国人习惯在餐前用餐巾擦拭餐具。这在国外是很忌讳的，说明顾客对餐厅的卫生不满意。服务员看到这种情况会第一时间更换餐具，所以要注意不要这样做。如果发现餐具不干净，可以直接跟服务员说明更换。在大多数西欧国家，较大的咖啡馆供应各种饮料和一日三餐。用餐方法与上述基本相同。不过喝法有两种，一种是站在柜台边喝，一种是坐下来等服务员端上桌。两种服务有两种价格，咖啡馆经常在门口或价目表上标示这两种价格。

（三）中餐桌上的礼仪

中餐历史悠久，饮食礼仪自然成为饮食文化的重要组成部分。中餐不同于西餐，餐桌上的餐具不多，但菜品很多，大家围着菜品一起用筷子夹着吃，体现了东方的和谐。

1. 座次

在正式的中式宴会上，如果座位不固定，就坐时要注意以下原则。第一，右高左低的原则。两个人并排坐时，上座在右边，下座在左边。这是因为中国菜通常是顺时针上菜，所以，右边坐的人比左边坐的人优先。第二，尊重中间座位。三个人一起坐着吃饭，坐在中间的人比两边尊贵一些。第三，面对面，面对正门的人是上座，背对着正门的人是下座。档次较高的餐厅一般室内外有优雅的表演，因此最佳视角是上座。在一些中低档餐厅，上座靠墙，下座靠走道。所以坐下的时候，要根据实际情况，先让身份高者、年长者以及女士先坐下，再找合适的地方坐下。

2. 取菜

在中餐桌上，所有的菜肴都是共享的，在取菜时应特别注意以下礼节。

（1）入座后，面对桌子上的佳肴，不要急于动筷，须等主人说"请"之后才能动筷。

（2）夹菜时，要从面前的盘子里夹菜，不要伸手从远处夹菜。夹菜时，要夹盘子里离自己近的部分。不要从盘子中间或其他人那里拿，不能用筷子翻动菜肴。

（3）添加菜肴要适量，不要过量，避免浪费。不要一直食用自己喜欢的菜，要照顾好同桌的人，更不能起身将自己喜欢吃的菜放在自己面前。

（4）如果要给陌生人或长辈夹菜，一定要使公筷，也可以给陌生人或长辈端远点的食物。每上一道新菜，都要先请客人或长辈动筷子，以示尊重。

（5）此外，酒在中国的庆祝活动中也常常扮演着重要的角色。同桌的客人可以互相劝酒，但不能以任何方式强迫对方喝酒，否则是不礼貌的。如果不想或不会喝酒，可以拒绝。需要注意的是，运动员不得饮酒。

3. 筷子和勺子的使用

(1)筷子。筷子是成对使用的，是中餐中最重要的用餐器具。筷子使用简单方便，但也有很多规矩。第一，不管筷子上有没有剩饭菜，都不要舔筷子；第二，筷子不要在菜品之间来回搅动；第三，用筷子夹菜时不要滴菜汁；第四，不要把筷子竖着插在食物上或用其他餐具去叉馒头或者食物；第五，不要将刚夹过来的菜没吃完又去别的盘子夹菜；第六，不要用筷子敲桌子，也不应互敲筷子，否则是对主人的不尊重。

(2)勺子。勺子主要用来舀汤，也可以用筷子来辅助。用勺子取食物时，不要盛得太满，以免溢出太多弄脏桌子或衣服。盛出食物后，可在原地稍作停留，待汤汁未流尽时，移回原处享用。用勺子取食时，立即食用或自己盛盘，切勿倒回原处。勺子暂时不用时，应该放在自己的盘子里，不要放在桌子上，也不要放在食物里。

第三节　旅行礼仪

运动人员经常长途跋涉参加比赛，无论是坐飞机还是坐车，都要注意相应的礼仪。因为在有限的旅行时间内，个人的言行不仅影响个人和集体形象，还要关心他人的出行氛围和安全。

一、乘飞机礼仪

运动员乘飞机时要注意以下乘坐礼仪。

（一）登机前

运动员办理登机牌和安检时，要注意排队情况。不要为队友或朋友排队，因为登机牌和安检的窗口很多。乘客会选择人少的窗口排队，而占队会增加其他旅客的等候时间，还有安检要注意，轮到自己过安检前，需要提前准备好护照、身份证、登机牌和机票，避免因翻找证件而浪费时间。

办理登机手续时，尽量托运更大、更重的行李，不要带太多行李上飞机。否则，提取这些行李上飞机时，过道会被占用很长时间，会影响其他人的通行，也会占用其他人的行李空间，使后来的旅客没有地方放自己的物品。

在航站楼大厅候机时，一人一座。在座位上休息时，不要躺在椅子上，不要把脚放在椅子上，也不要脱鞋。行李手推车不要横跨过道，以免影响他人通行。在座位紧张的情况下，应该让座给老人、带孩子的妇女或孕妇。（一般这样的情况极少发生）。

遇到飞机晚点或被迫取消时，不要大声抱怨，更不要聚众闹事，要听从机场工作人员的安排。如果自己旅行时间紧急，可及时向机场工作人员说明情况，以便做适当调剂。

（二）登机后

登机时，应礼让残障人士、老人、抱小孩的妇女或孕妇，让他们先登机。在登机口要礼貌地回应飞机乘务人员的致意和问好。若不清楚飞机上的座位安排，可将登机牌交给乘务人员以作引导，不要抢坐别人的座位。登机就座后，应马上把手机、手提电脑、电子游戏机等个人携带的电子设备关闭。

在飞行过程中行为要端正、得体。为了飞机的安全，不要乱动飞机上的设备。如果有特殊需要，请按座位旁边的按钮呼叫乘务员，不要在机舱内大喊大叫。如果觉得闷，可以打开座椅上方的通风阀或脱掉外套，但不要露出胸部和背部。如果脱鞋，请确保鞋子卫生无异味。不要在飞机上吸烟，在享用免费食品和饮料时要量力而行，不要浪费。

在飞行过程中，尊重他人，善待他人。在飞机上，尽量保持安静，不要大声说话和大笑，特别是在夜间飞行或有人在你身边休息时，不要因为你在身边而让别人不高兴。相邻座位之间可以小声说话，但不要隔着座位说话，也不要和前排和后排座位的说话。说话时要避免可能吓到别人的话题，比如劫持、坠机和其他飞机事故。不要在座位上随意摇晃，不要把椅背调得太靠后，也不要随意摆弄小桌板，以免妨碍他人。

到达终点时，在飞机未停稳之前，不要站起来取行李，也不要在机舱内走动。下飞机时，不要拿走飞机上的耳机、毛毯等物品，不要推挤他人。走到舷梯口时，要有礼貌地与乘务人员说声"再见"。

二、乘汽车礼仪

在运动会期间,大会组委会向各体育代表团提供交通服务,交通工具一般是城市巴士或小面包车。在乘坐这些车辆时,要遵守一定的乘车礼仪。

(一)行动统一

在集体乘车时,一定要做到行动统一。每个人都要提前整理好自己的携带物品,按规定时间到达上车地点。不要因为个人的迟到而让他人等候甚至影响集体活动。准时是对别人的尊重,也是一个人应该具备的素质。

(二)依次上车

上车时,要按照先来后到的顺序依次而上,不要拥挤。如有长者和女士在场,应该礼让并提供可能的帮助。

(三)文明乘车

乘车时,要懂得车厢里的座次礼仪。车厢里的座次是根据座位距离前门的远近来确定的,离前门越近,座次越高,在同一排的座位中,越靠右边的座位,座次越高。每个人应该根据自己的实际情况来选择合适的座位,不要失礼。

如果是一个人乘坐公共巴士外出,则更应该注意自身形象。如在车上不要与他人争抢座位,不要把随身物品放在座位或过道上,遇到老人、病人、残疾人和孕妇等要主动让座。

三、住宿礼仪

比赛期间,体育活动人员一般要住宿在宾馆里。在宾馆住宿时,每个人都要规范自己的仪表和举止,保持房间的舒适和干净。住宿的文明与否不仅关系到个人乃至代表团的形象,也关系到宾馆对你以后入住的欢迎程度。住宿礼仪包含以下六个方面。

（一）预约房间

入住宾馆要提前预约房间，这既方便自己，又利于宾馆的管理。无论是自己预约还是向组委会预约，都要清楚地说明入住和停留的时间、入住的人数、房间的类型等。如果对房间有特殊要求，也可以在预约时提出。

（二）登记入住

入住时，应先礼貌地感谢帮助搬运行李的工作人员，然后到大堂前台登记。如果正在登记的顾客很多，则应静静地按顺序等候，并与其他客人保持一定的距离，不要吵闹和拥挤。登记完进入房间后，要阅读宾馆的服务指南，以备不时之需，还要查看房间的设施和用品是否完备，缺失的物品要及时请服务人员补齐。对于不会使用的设施要及时请教宾馆服务人员，自己不要胡乱操作。

（三）保持卫生

保持良好的客房卫生是住宿舒适和愉快的前提，也是对服务员的尊重。具体来讲，应注意的问题包括如下内容：①放好个人物品，大件物品要放壁橱里，小件物品要放在抽屉内，尽量不要将小件物品如钢笔、记事簿等乱扔在桌子上；②不要在宾馆禁烟区域吸烟，在房间里吸烟时要使用烟灰缸，不要乱弹烟灰，不要在桌子上捻灭烟，以免烧着地毯和桌子；③不要在客房内乱丢垃圾，要把用过的卫生纸、瓜子壳、果皮等废弃之物扔到垃圾篓里；④擦皮鞋时要使用宾馆配备的专门擦鞋纸，绝对不能用浴室里的毛巾来擦鞋；⑤不要把吃剩的菜汤、喝剩的茶根儿、咖啡、西瓜汁等泼洒在地毯上，这些液体会留下渍印，很难清洗；⑥不要随地吐痰；⑦如果需要洗衣服，可以放在专门的洗衣袋里，或者交给客房服务员。不要在客房内洗大件衣服，即使自己洗小件衣服，也不要挂在窗外、室内或走廊等地方。

（四）保持安静

宾馆是供住宿者休息的地方，无论是在宾馆内部的公共场所还是在自己住宿的客房里，每个住宿者都要尽量保持安静。例如，在大堂里等人时，可以坐在沙发上看看杂志、听听音乐；如果想打电话，则要放低声音；如果有多个人坐在一起交谈，声音要轻；不要在客房通道内高声说话；在客房里说话或看电视时，音量要适中，而且要把门关上；不可太早或太晚打开电视，以免影响别人休息等。

（五）礼貌待人

在宾馆里住宿，对于遇到的各类宾馆服务人员或其他客人，都要敬人为先，克己自律。例如，当门童为自己开门或向自己问好时，要表示感谢或予以回应；保安人员因职责所在，往往会对每位进入宾馆的人士倍加关注，碰上对方打量或者盘问自己时，要进行合作；搭乘有人服务的电梯时，应清晰地报出自己所去的楼层，并道一声"谢谢"，不要自己动手操作，无视对方的存在；乘无人服务的电梯时，应主动为后来的客人扶住门，中途下电梯前，自己按下关门的按钮，尽量减少给别人带来麻烦；当服务人员进入客房整理房间时，应表示欢迎，并且道谢；如果客房内个别设备出现故障，应予以体谅，不要大吵大闹，当维修工人出现后，要给予充分的尊重。

（六）退房离馆

准备退房时，最好先用电话告知前台。如果行李很多，可以请服务人员帮助。为了留作纪念，可以带走房间内类似牙刷、小肥皂、信封、信纸等允许带走的物品，其他物品一律不能带走。如果不小心弄坏了房间的物品，不要隐瞒甚至抵赖，要勇于承担责任加以赔付。结账完毕后，要礼貌地致谢道别。

第四节　　国际礼仪

常言道"十里不同风，百里不同俗"，不同的国家在不同的地域环境之中，在不同的文化背景之下，有着迥然各异的风俗礼仪。体育活动人员出国时只有做到入乡随俗，尊重不同国籍运动员的风俗习惯，才能更好地体现自身的良好形象，赢得更多的尊重。

一、国际惯例

由于文化背景、风俗习惯、社会制度等不同，每个国家或民族都有自己的礼貌礼节和风俗习惯。体育活动人员不可能了解所有国家的礼仪和风俗，但一定要遵守国际社会中约定俗成的一些交际惯例。一般而言，有以下五条国际惯例要认真遵守。

（一）信守承诺

在人与人交往中，言出必行是一个人必须具备的基本修养。体育人员在与外国人打交道时，一定要信守承诺，言出必行，不要随便表态，不要失信于他们自己的承诺。

（二）热情有度

在国外，人们普遍捍卫个性至上，反对以任何形式来干涉独立个性的行为，反对侵犯人格尊严的行为。过分关心他人或过分干涉别人都会让对方反感。因此，在与外国友人打交道时，人们不仅要热情友好，还要尊重对方的人格尊严和人格独立性。

（三）尊重隐私

外国人普遍认为，要尊重个人的独立性，维护个人尊严，就必须尊重个人隐私。即使是家庭成员、亲戚和朋友也必须尊重彼此的隐私。因此，在与外国友人相处时，应自觉避免以任何形式介入对方的个人隐私，如不主动询问外国友人的年龄、收入、婚姻、家庭、健康状况、经历、住址、籍贯、宗教信仰、政见等。

（四）女士优先

在人际交往中，人们首先关注女性。这需要成年男性在社交场合积极尊重、关心、照顾、保护女性，主动解决女性问题。能够做到这些的人才算得上教养良好。

（五）不必过谦

在很多外国人看来，一个人首先要表现出来的就是自信且不盲目。对于个人能力和自我评价，不仅要实事求是，更要敢于断言。不敢承认个人能力，随意进行自我贬低的人，要么事实上的确如此，要么就是虚伪做作、别有用心。所以在与外国朋友打交道时，千万不要过分谦虚，特别是不要自我贬低，以免被人误会。

二、部分国家礼俗简介

体育运动员经常出国参加比赛，在国外活动期间，要了解与尊重有关国家的文化礼俗，做到因国、因人而施礼。

（一）美国

美国人崇尚进步和个人奋斗，很少讲究衣着。见面时，一般只是点头微笑，打个招呼，不一定握手。一般来说，他们不喜欢用先生、夫人、女士、小姐之类的称呼，认为直呼其名是一种关系深厚的称呼方式。为人亲切友善，不以行政职务称呼他人。在美国等西方国家，有给小费的习惯，认为给小费是对服务人员所提供服务的奖励和尊重。给小费的方式可以根据当地风俗灵活使用，如不用找零，或者小费放在茶盘、酒杯下面，或者放在服务员手上。一些酒店和餐厅在账单上列明10%～15%的服务费，但不需要额外支付小费。其他服务，如帮忙叫出租车、开门、取出衣帽、搬运行李等，也要给不少于1美元的小费。但政府公务员、客机机组人员等无需给小费。

（二）加拿大

加拿大人喜欢枫叶，忌讳白百合，因为在当地白百合只在追悼会使用。加拿大人忌讳将其国家与美国进行比较。如果你听到加拿大人讲英语和法语，请不要不发表你的意见，因为这是加拿大种族关系的敏感问题。

第三章　体育活动者的社交礼仪

（三）巴西

巴西人很感性，在街上相遇时经常会互相拥抱。无论男女，见面和别离时都要握手，这是有礼貌的。女人面对面碰面时，即使唇不沾触碰他的脸颊，双方发出亲吻的声音。巴西人认为棕色是禁忌，黄色是不祥之物，认为深棕色或深棕色会带来厄运。他们认为死亡就像落下的黄叶，紫色和黄色是生病的征兆，巴西男人爱开玩笑，但要避免拿当地的种族问题当笑话。

（四）英国

英国人在日常生活中提倡"绅士态度"和"淑女态度"，注重个人仪表。英国人的问候语是握手，但交叉握手是大忌。英国人与人交往中，信奉"不要质疑别人的是非"，不愿接受别人干涉自己的私生活，与邻里的接触也很少。工作时间以外不执行公务，吃饭时谈公事更是忌讳和招人生厌。在英国，鲜花应该是奇数，而不是偶数或13，而且象征死亡的菊花和百合花也不应该送。

（五）法国

法国人浪漫、活跃、善于交际。亲吻和手吻在社交场合更受欢迎。法国人爱花，在他们看来不同的花代表着不同的含义。百合花是法国的国花。忌送菊花、杜鹃花、牡丹、康乃馨、纸花等。法国人更喜欢文化和审美的礼物，唱片、录音带、画册等是法国人最欣赏的礼物。他们喜欢名人传记、回忆录和历史书籍，也对鲜花和外国手工艺品感兴趣，不喜欢带有公司标志的促销礼品。公鸡是法国的国鸟，因其勇敢、坚韧而深受法国人的喜爱。标志性的鸭子图案也很受法国人欢迎，但法国人讨厌孔雀和仙鹤。谈到颜色，法国人更喜欢蓝色、白色和红色，避免黄色和灰绿色。

（六）德国

德国人勤劳内敛，讲究效率，支持理性思考，时间观念强。他们不喜欢嗜睡、拖延、不守纪律、不讲卫生等不良习惯。德国人谈吐非常有礼貌，重视地位。德国人喜欢吃油腻的食物，口味重，香肠、火腿、土豆是他们的最爱，他们也喜欢喝啤酒，但在吃、穿、待客上都提倡节俭。对德国人来说，一定要尽量选择有民族特色和文化品位的东西。不要把玫瑰、香水和内衣送给女士，因为它们都有特殊的含义。玫瑰代表"爱"，香水和内衣表示亲密，即使在女性之间也不宜将此类物品送出。

（七）荷兰

荷兰是花的王国，郁金香是荷兰的国花。荷兰人善于理财，虽生财有道，但乱花钱被认为是浪费，被人讨厌。荷兰人重视工作效率，更喜欢安静祥和的生活。在荷兰，人们习惯吃生冷食物，送礼时，礼物要用纸制品包起来，不送食物。在荷兰拜访家人时，不要太注意女主人。男女一起走楼梯的礼节与大多数国家的风俗完全相反。即男先女后。荷兰人喜欢谈论时事和体育，但谈论私生活是禁忌。

（八）俄罗斯

俄罗斯是一个讲究礼仪和待客之道的多民族国家，其礼仪习俗兼具东西方礼仪的特点。俄罗斯人的整体文化素质很高，很多家庭的藏书非常丰富。他们的"见面礼"是亲吻和拥抱。俄罗斯人送礼、收礼都很讲究：忌讳别人送钱，认为送钱是对人格的侮辱。他们非常喜欢洋货，洋糖、洋烟、洋酒、洋服都是很好的礼物。如果送花，一定要送单数，不能送双数，他们认为偶数是不吉利的。对颜色的好恶与东方人相似，喜红忌黑。对于数字，他们也忌讳"13"，但对"7"这个数字却情有独钟。俄罗斯人爱整洁，乱扔东西的行为会被大家鄙视。

（九）澳大利亚

澳大利亚人崇尚人道主义和博爱。在社会生活中，他们乐于保护弱者。在人际交往中，爱好娱乐的澳洲人往往有邀请朋友出去玩的习惯，拒绝这样的邀请会被他们理解为不尊重邀请人。澳洲人极其厌恶公共场所的噪音，不喜欢那些在公共场所大声喧哗的人，尤其是那些在门外大声喧哗的人。

（十）日本

日本人不相互敬烟。当你和日本人在一起喝酒时，不建议劝酒，日本人时间观念强，生活节奏快，往往当天就完成事情，日本人非常忌讳别人问薪水。年轻女性避免被问及姓名、年龄和是否已婚等问题。给日本人送花时，忌送白色的花，也不能给生病的人送玫瑰花和盆栽。菊花是日本皇室的专用花卉，民间一般不作为礼物赠送。日本人喜欢樱花。

（十一）韩国

韩国人崇尚儒家思想，尊重老人。老人进屋大家要起立，坐车要给老人让路。与韩国人见面的传统礼仪是鞠躬。下级和下级走路时，遇到长辈和上级要鞠躬、打招呼，站在一旁，让他们先走，以示尊重。男子见面时互相鞠躬并握手。握手时，他们用双手或右手。女性一般不与他人握手。参加社交活动或宴会，以及在家中或餐厅时，男女分开。

在韩国，如果有人邀请你去家里吃饭或参加宴会，应该要带上小礼物，最好是包装好的食品。席间敬酒时，右手托酒瓶，左手托住瓶底，然后鞠躬致辞，最后倒酒，必须连续三杯。敬酒者应将自己的杯子举低，将自己的杯沿与对方的杯身接触，敬完酒后鞠躬离开。

韩国人用双手接礼物，但不会在客人面前打开。酒是送给韩国男人最好的礼物，但除非明确说明是给丈夫的，否则不能给女人送酒。给韩国人送礼要注意，韩国男人喜欢名牌纺织品、领带、打火机、电动剃须刀等；女人喜欢化妆品、皮包、手套、围巾、厨房里的调料；孩子喜欢食物。但不宜送香烟给韩国朋友。

第四章
体育运动员的礼仪

第一节　运动员的礼仪修养
第二节　赛场礼仪
第三节　颁奖礼仪
第四节　面对媒体的礼仪

运动员是国家的人才资源和宝贵的财富，运动员素质的高低将直接关系到我国竞技体育的水平的优劣。高素质、高修养的运动员无疑会对体育运动的发展起到很好的推动作用，而礼仪就是这种素质和修养的重要体现。运动员礼仪是指特定的运动员群体与教练员、裁判员、观众、媒体和运动员在社会交往中形成的行为准则和规范。运动员知晓礼貌、了解礼仪、讲究礼仪，不仅能体现个人修养，增加个人魅力，还能赢得观众和参赛选手的认可和尊重，也有利于宣传和传播体育精神。体育运动员的礼仪主要包含礼仪修养、赛场礼仪、颁奖礼仪、面对媒体的礼仪。

第一节　运动员的礼仪修养

运动员属于公众人物，无论是在赛场上，还是在赛场外，都应该特别注意自己的礼仪修养。当运动员代表国家出现在国际体坛上时，运动员的个人礼仪修养不仅仅体现着运动员本人的人文素养和综合素质，同时也代表着国家的形象，其行为举止将影响国家的声誉和地位。

一、个人形象

（一）服饰

对于运动员来说，除了比赛和训练，他们也会出现在其他的场合，这就要求他们的服饰和言行要与所处的环境相适应。服装的选择因场合的不同而各异。出席宴会或被接见时，应着西装；训练时，可着运动服；比赛时，着专门的比赛服；外出游览、参观、购物时选择性比较多，可以着便装，也可着西服。无论选择什么类型的服装，都要整洁、合体。胸针、领带等饰物要端正，纽扣要扣齐。

（二）礼节

无论是赛场上还是日常生活中，要熟练地掌握握手礼、点头礼、举手礼、脱帽礼、注目礼、拱手礼、鞠躬礼、合十礼、拥抱礼和吻礼等各种礼仪。中外文化有着很大的差异，运动员在与外国选手进行交流的时候，要了解并尊重对方的风俗习惯，本着求同存异、入乡随俗的原则与他人进行交往。运动员要合理地将礼仪运用到不同的场合中，体现运动员良好的个人修养。

（三）举止

运动员的一言一行代表的是一个国家、一个集体的形象，因此，应处处体现出运动员所特有的胆识、气量和风度。运动员要尊重当地的风俗习惯，遵守公共秩序，不要让自己的行为与周围环境不协调，应做到端庄而不呆板，活泼而不轻浮。运动员们出现在这些公共场合时，不随处乱倒扔塑料垃圾，不乱随地吐痰，不乱大声讲话喧哗，不随便放声说话大笑，不乱在超远距离上大声喧哗呼喊。

二、道德情操

（一）爱国主义和集体荣誉感

热爱祖国、富有极强的集体荣誉感也是我国每一个运动员应具备的道德情操。运动员们在运动场地内出色的赛场表现，不仅是运动员个人风采魅力的最佳展现，也是各自国家精神和民族精神最好的写照。因此，每个中国运动员应拥有"祖国至上"的坚定信念，时刻牢记祖国的培育之恩，以在国际赛场上"升国旗、奏国歌"为人生的最高目标，以"为祖国、为人民多做贡献"为自我追求的最高境界。

（二）价值观

在比赛的时候，运动员要自觉把自己的胜败荣辱与国家荣誉联系起来，明确自己的目标和定位。运动员还要树立正确的价值观，处理好个人利益和共同利益的关系，不得利用国家人民授予的荣誉谋取私利。

（三）职业道德

运动员的职业道德决定运动水平的高低，并直接关系到我国体育事业的发展，因此，培养运动员良好的职业道德至关重要。运动员的职业道德规范主要包括爱岗敬业，为国争光，尊重科学，勤学苦练，团结拼搏，勇攀高峰，遵纪守法，诚实守信，公平竞赛，正确对待比赛输赢，遵守比赛规则，尊重对手、队友、裁判和观众，拒绝腐败，拒绝违禁药品，拒绝暴力等。

三、刻苦训练

刻苦学习、刻苦训练是运动员取得一流成绩的基本前提。常言道"梅花香自苦寒来"，夺得金牌离不开勇敢的态度，离不开训练中困难或疲劳的磨炼。要实现远大的理想，不仅要热爱自己的职业，还要刻苦训练，持之以恒。

四、文化素质

有经验表明，提高文化水平对于体育理论知识的学习和理解具有重要意义，同时也有助于提高体育水平。在中国的现有制度下，对运动机构、教练员以及选手的运动考核难度较大，促使相关机构和组织越来越重视选手的训练素质以及比赛表现，忽视了运动员的文化学习。参加过体育训练的运动员也呈现了年轻化趋势，适龄运动员往往无法像同龄人一样接受正常的科学文化知识教育，文化学习成为一大难题。要重视运动员文化课程的学习，合理解决学习与训练之间的冲突。

五、心理素质

随着训练水平和竞技水平的不断提高，运动员在技术水平和身体素质之间的差距越来越小，比赛的胜负在很大程度上取决于运动员的心理素质。只有拥有良好的心理素质，运动员才能勇敢而正确地面对来自训练的困扰、比赛的压力、失败的挫折、裁判员的错判或误判等。可见运动员的心理素质在运动训练和比赛中起着不可估量的作用。

第二节　赛场礼仪

一、运动员自身的礼仪修养

运动员在比赛场上展示的不仅仅是技术、战术，而且还包括自身的礼仪修养。因此，要时刻告诫自己，尊重对手、尊重自己、尊重裁判、尊重教练、尊重队友、尊重观众。

（一）尊重对手

奥运选手奉行"更高、更快、更强"的体育精神，要求运动员不断超越对手、超越自己，但超越对手必须建立在公平竞争和尊重对手的基础上。在比赛中，不欺负对手，不要故意伤害对方，不要用粗暴、无理甚至故意的失误来限制和扰乱对方的技术发挥。以宽容理解的态度冷静对待，不要情绪化，如果我方输了，要大方地祝贺对方，如果我方赢了，要真诚善意地安慰对方。这才是良好体育精神的体现。

（二）尊重自己

运动员要尊重自己，首先要用自己的力量赢得比赛。"不得以不正当手段取胜"是奥林匹克运动的神圣誓言。任何伪造、冒充、故意伤害、贿赂、故意徇私、使用违禁药物等非法手段都是不道德和不公平的表现。

（三）尊重裁判员

裁判员的任务是保证比赛纪律的执行和比赛的公平性，营造良好的比赛氛围。运动员作为比赛的主体，必须无条件尊重裁判员的工作，确保比赛的顺利进行。有时，由于场地大、突发事件、双方竞争激烈、裁判站位不好等原因，可能会出现争议判罚，此时，运动员必须服从裁判员的命令，无条件服从裁判员的决定。出现犯规或犯规时，按照程序冷静向裁判解释，如果裁判坚持原判，运动员应立即继续比赛，不得恐吓裁判改判甚至辱骂、侮辱、追打裁判。作为比赛的一员，运动员对裁判的态度，对公众有很大的影响。所以一个优秀的运动员首先要树立尊重裁判的榜样，帮助化解群众的不良情绪，让比赛顺利进行。

遵守规则、尊重裁判是竞技体育的内在要求。同场竞技争高下，必须依靠公正的裁判判罚才能定胜负。所以各类赛事对裁判都有严格要求，裁判员还专门进行赛前宣誓，以保证判罚的公正。赛场上，尊重裁判本身就是一项重要规则，尊重判罚、维护裁判权威更需要每个运动员、教练员的支持。

（四）尊重教练员

无论是在训练场上还是比赛中，运动员都应该接受教练员的指导和教导，虚心听取教练员的意见，自觉服从教练员的指挥，服从教练员的技战术安排。教练员，认真了解教练员的用意。如有不同意见，要及时与教练沟通。

（五）尊重队友

团队运动必须相互配合，相互信任，齐心协力，努力拼搏，才能取得优异的成绩。比赛过程中，遇到队友失误或配合不连贯时，应以正确的方式处理，如通过抚摸、点头等方式安慰、鼓励队友，不要因队友而产生怨恨甚至侮辱。当队友有漂亮的进球或传球时，对队友的表现要给予充分的肯定；当队友的表现超过自己时，要表示衷心的祝贺；当队友失败时，要给予真诚的安慰。尊重队友主要体现在以下三个方面。

（1）集体比赛项目要求本队运动员之间相互配合、相互信任，以使全队的整体水平得以充分发挥。比赛中运动员不要一味地突出自己、表现自己而不与队友配合。个人主义和英雄主义往往导致比赛的失利，并对全队的团结和士气产生消极影响。

（2）当遇到队友失误或与自己配合不好时，要以适当的方式安慰和激励队友，如与队友击掌、微笑着向队友点头示意等，而不要指责或谩骂队友。队员之间只有相互团结、共同进取才能取得好成绩。

（3）在比赛中，同队队友之间争夺冠亚军的现象时有发生。在这种情况下，除了在比赛过程中要尊重队友外，在领奖时更要心服口服地尊重对方。

(六)尊重观众

体育比赛是建立在观众的基础上,如果没有观众的支持和喝彩,体育竞赛就变得毫无意义。观众是来观赏比赛并享受比赛的。但是很多观众在观看比赛时都带有倾向性,只会为自己喜欢的运动员或运动队加油呐喊。此时,作为上场的运动员,一定要排除干扰,坚持比赛,通过精彩的表现来获得观众的掌声和拥护。比赛结束时,运动员无论输赢都应该有礼貌地向观众致谢。

二、不同项目的运动员应遵守的礼仪

竞技运动以它独有的魅力,成为现代世界文化艺术宝库中的瑰宝之一。竞技运动的共同特征是竞技性、规范性、公平性、公开性、不确定性、娱乐性,不同体育项目的礼仪是由项目的特点决定的。

(一)速度性项目运动员礼仪

速度项目包括短距离跑步、短距离游泳、短距离速滑等,这些项目的特点是速度快、距离短、竞争激烈、观赏性强,要求运动员反应快、思维敏捷,行动果断,要具备足够的耐力和专注力。

礼仪要求具体如:参加短跑比赛,运动员可以赤脚或穿鞋比赛,运动鞋不能有任何助力装置。号码布应佩戴在运动员的胸前、后背或短裤前侧,并应整齐、清晰。参加游泳比赛,运动员必须遵守规则,穿着泳衣、泳帽和泳镜。参加速滑比赛,运动员必须按规定着装。安全头盔应符合相关标准,护踝、护腿板等用具需符合规定。短跑、游泳、速滑等速度项目开始前,听到介绍名字时,运动员应起立向观众举手或点头示意,以示良好的精神面貌。

1. 短跑起源和运动员礼仪

(1)短跑的起源

短距离跑步(简称短跑)是田径运动中距离最短、速度最快,人体运动器官和内脏器官在大量缺氧的情况下完成的极限强度的周期性运动项目。短跑是一项历史悠久的竞技项目。公元前776年举办的第一届古代奥运会上,就有短跑比赛。当时的比赛规则很简单,不分时间,不分名次,谁先到达终点谁就赢。

1896年，第一届现代奥运会设有男子100米和400米项目。美国运动员布克以12秒和54秒的成绩夺得两项冠军。前5届奥运会的400米赛跑都没有分道。鉴于容易造成犯规的原因，在第五届奥运会400米决赛中，首次开始分道比赛。男子200米比赛在第二届奥运会上才设立。一开始是在直道上进行比赛，直到1960年代才被淘汰。在1928年第九届奥运会上，女子100米短跑成为正式的比赛项目，在1948年第十四届奥运会上，女子200米短跑成为正式的比赛项目，在1964年第十八届奥运会上，女子400米短跑成为正式的比赛项目。

起跑是短跑技术的重要组成部分。最初的起跑是运动员出发时用一只手抓住绳子，用站立的姿势开始起跑，利用后蹬腿产生的力量冲出起跑线；到18世纪末，运动员站在起跑点上，裁判喊"跑"，比赛就此开始；之后，出现了各种起步方式，如"分开起跑法""双方同意起跑法""卧倒起跑法"等。

在短跑技术的发展中，器械和场地的发展变化起到了积极的作用。煤渣跑道的出现、道钉的出现、起跑器的使用和塑胶跑道的使用，都带来了短跑技术和成绩的飞跃。现代短跑技术更强调大腿前摆更高，积极送髋，注意髋部的转动和放松，脚掌"扒地"动作轻快柔和，向后蹬角度小且蹬伸有力，蹬摆配合协调而富有弹性，摆臂幅度大而向前性好。

(2)短跑运动员礼仪

①需要比赛的运动员对于规则要保持自律和自觉性，在赛场上要听裁判的指挥，对于比赛的对手要保持尊重，对于观看比赛的群众也要保持尊重。

②在比赛中，运动员要讲究体育道德，不得使用不文明的动作、不文明的语言干扰其他运动员的比赛，或干扰裁判员的工作。

③比赛过程中，运动员不得使用规则不允许的电子设备、电子器材，包括报话机、对讲机、手机、摄像机等。

④比赛进行过程中，如果参赛选手不认同裁判所给出的判罚，应该通过规则规定的渠道进行反映。

⑤比赛结束后，运动员应向观众挥手或鞠躬致意，和比赛对手握手或通过友好的方式表达敬意。要以恰当的方式向裁判员表示敬意。

⑥比赛结束后，运动员要按照规定的路线退场，不要影响或干扰其他场地选手的比赛。

第四章 体育运动员的礼仪

⑦比赛结束后,运动员要按照规定的时间、要求和程序,按时参加颁奖仪式。颁奖中,要积极配合颁奖官员,讲文明、讲礼仪。

2. 游泳的起源和运动员礼仪

(1)游泳的起源

游泳项目主要是依赖于身体在水下通过自身的浮力作用而在里面通过肢体自由浮动使身体在水中有规律运动的技能。游泳项目主要包括竞技游泳和实用游泳。竞技游泳是奥运会中第二大类的运动项目,其中包含了四类泳姿,分别是蝶泳、仰泳、蛙泳和自由泳以及花样游泳项目。

(2)游泳运动员礼仪

①遵守赛会规程,认真检查自己的比赛服装和装备。

②出场参赛落落大方,听到介绍及时向观众挥手致意。

③比赛过程中,运动员要遵守比赛规则,不得有干扰其他运动员比赛的行为。

④比赛结束后,运动员应站在各自的位置上,向观众行礼致意。

⑤做到充分尊重比赛及对手、尊重赛事现场的观众、尊重赛事执掌裁决的裁判。

⑥无论比赛成绩如何,都要做到礼貌对待新闻媒体采访。

⑦按照规定的时间、要求和程序,按时参加颁奖仪式。颁奖过程中,要积极配合颁奖官员,讲文明、讲礼仪。

3. 速滑的起源和运动员礼仪

(1)速滑的起源

1880年,英国建成了世界第一个室内溜冰场,之后许多速度滑雪高手也常常在室内溜冰场锻炼。1980年,加拿大的蒙特利尔、魁北克、温尼伯等城市也相继开始了室内溜冰项目。在1905年,英国第一次举行了国际速度滑雪大会,此后这项运动逐步在欧美国家开展。1975年,国际滑联成立了短道速滑技术委员会。1976年,第一届国际短道速滑比赛在美国伊利诺伊州的尚佩思举行。

(2)速滑运动员礼仪

①比赛过程中,运动员要高度集中注意力,认真思考与队友之间的战术配合。

②在比赛进行的过程中，运动员们都可随时试图去超越其他任何一名对手，但切记千万不能试图去抢跑、滑出跑道、推挤其他运动员。

③比赛终点冲刺时不可有刀尖向上抬起等危险动作。

④放松心态，对比赛中出现的各种意外都要冷静对待，坚持到比赛结束。

⑤如对裁判员的判罚存在异议，应该通过规则规定的渠道进行反映。

(二)耐力性项目运动员礼仪

耐力性项目包括竞走、中长距离跑、越野滑雪等。耐力性项目具有比赛时间较长、距离较长和竞争激烈的特征，运动员要拥有良好的有氧及有氧和无氧混合的供能能力。因此，要求运动员具有良好的意志品质、耐受能力和高度集中注意力的能力。

礼仪要求：参加耐力性项目比赛，运动员应严格按照竞赛规则和赛会组委会规定和要求，认真准备参赛事宜，包括参赛服装、装备、器具、号码布等。

参加越野滑雪比赛，运动员比赛前要熟知规则，特别是参加重大国际比赛，不但要熟知参赛的报名、抽签、场地线路设施和比赛日程，还要认真、全面地学习国际竞赛规则，尤其要注意参赛项目日程安排；对使用滑行器材和服装的要求及规定(其中包括广告的使用要求等)；在接力、集体出发和追逐比赛项目中有关出发、滑行线路和使用交接棒的方法等；比赛出发前的入口、雪板标记，比赛结束后的器材、运动员号码检验程序等；赛前血检和赛后兴奋剂检测的有关程序和要求。

1. 竞走起源和运动员礼仪

(1)竞走的起源

竞走起源于英国。在 1867 年，英国就举办了第一届的全国竞走锦标赛。1890 年代，这项运动在德国开始流行。1908 年，奥运会正式将竞走列为比赛项目。自 1956 年奥运会起，定为 20 公里和 50 公里。竞走是在日常步行的基础上发展起来的一项运动。规则规定支撑腿必须伸直，需要从单脚支撑过渡到双脚支撑。在摆动腿的脚跟接触地面前，后蹬腿的脚尖不得离开地面。确保不出现"腾空"现象，这也是竞走与跑步的主要区别。

(2)竞走运动员礼仪

第四章　体育运动员的礼仪

①在比赛中，运动员要牢记技术动作要领，自觉遵守比赛规定，维护比赛秩序。

②运动员要充分尊重裁判员，如裁判判罚取消参加比赛的资格，应立即离开原定比赛的路线。

2. 越野滑雪起源和运动员礼仪

(1)越野滑雪的起源

越野滑雪是利用登山、滑降、转弯等基本技术，借助滑雪装备在丘陵和雪地上滑行的运动项目。它起源于北欧，又称北欧滑雪，是世界体育史上最古老的运动项目之一。

使用两根滑雪杖的传统滑雪运动在1850年代真正盛行时，这项运动的发展速度比跑步或游泳等其他运动更快，因为顶级运动员的成绩突飞猛进。1860年代出现了铺设滑道的专用机器。此前，军队一直负责压实和准备比赛的赛道。因为滑雪准备好的沟槽只有两条，滑雪者只能保证两条腿平行，两条腿依次推，除此之外别无它法。然而，芬兰有一名警察保利斯顿开始尝试只将一条腿留在凹槽中，另一条腿用于推动。但是，一条腿很快就会疲劳，必须换腿。这种方法被称为"斯通步"或"半滑冰"。当滑雪者开始在用新的铺路机压实的滑雪道上试验这些新技术时，他们发现通过双腿轮流推动，他们可以走得更快，最多快10%，从而形成滑冰式滑雪。

(2)越野滑雪者的礼仪

①比赛规则是越野滑雪运动员在参加比赛时必须遵守的硬性要求。

②做好赛前准备。赛前准备包括：比赛开始时间；比赛的顺序和时间表；比赛场地的天气情况、风向、日照情况、温度和空气湿度；整条路线的状况、雪质和海拔高度；下坡路段和弯道可能带来的危险。此外，运动员应适应比赛场地，包括滑行路线、路线标志、场地风向、日照等；训练危险的下坡和弯道；练习通过特别陡的上坡方法；为不同地段选择最有效的滑行技术；试用滑雪板和雪蜡等。

(三)准确性项目运动员礼仪

准确性项目包括射击、射箭等，这些是属于高精度、柔和用力的静止性、准确性运动项目，对人体视觉的极限是一种极大挑战，要求运动员具有较好的心理素质、自我控制力、克服焦虑情绪和稳定发挥的能力。

礼仪要求：射击运动员必须遵照相关规定进行着装，如步枪项目的运动员穿射击上衣、射击裤、射击鞋，戴射击帽、射击眼镜、射击手套，使用耳套或耳塞，佩戴好号码布。在比赛开始前，听到介绍自己名字时，应举手向裁判员和观众示意。

1. 射击的起源和运动员礼仪

(1)射击的起源

射击起源于狩猎和军事活动。15世纪，瑞士举办了火绳枪射击比赛。在1896年第一届现代奥林匹克运动会之前，欧洲许多国家都成立了射击协会等组织，并相继举办射击比赛。第一届世界射击锦标赛于1897年举行。

射击是1896年第一届现代奥林匹克运动会的九大项目之一。除1904年第三届奥运会和1928年第八届奥运会以外，其他所有奥运会都将射击列为正式比赛项目。

(2)射击运动员礼仪

①比赛期间，运动员在每次放下枪支之前，都必须退出枪膛内的子弹或弹夹；在气枪放下之前都必须打开闭锁装置，保证枪支处于安全状态。

②在比赛中，未经比赛裁判员允许，运动员佩戴的枪支一律不可离开指定射击训练位置。

③当射击队员在试用了剩余的最后一发子弹后，在离开了枪位前，必须向裁判报告，检查枪支和弹匣，确保安全。

2. 射箭的起源和运动员礼仪

(1)射箭的起源

射箭活动是我国历史上一种十分悠久的体育运动。所谓射箭，便是利用箭弓的弹力把箭射出的方法。在一定的距离内，比赛就是看谁的箭射得好，精准度最高。早在约一万年前，旧石器时代中期，人类就开发出了用来打猎和钓鱼的弓箭，后来逐渐演变成了一个可以长期应用的作战工具；射箭术在公元3世纪才发展起来，当时英国是射箭技术比较领先的国家之一。1676年，皇家射箭协会成为苏格兰国王的皇家射箭队。英国举办了首届射箭锦标赛，并成立了全国射箭协会。之后，以英法两国为主成立了国际射箭联合会，第一届世界射箭锦标赛在波兰的里沃夫举行。1900年射箭被列入奥运会项目。

(2) 射箭运动员礼仪

①使用射箭器材前应认真阅读说明规则，要在遵守规则的前提下正确使用。

②射箭比赛中，运动员必须佩戴护指、护臂、护胸等防护装备。

③请勿向人、门窗、动物等射箭，未成年人必须在父母监护下使用弓箭。

④使用反曲弓等射箭器材前，应确保各部件安装正确、牢固，否则容易对人员和弓箭造成安全隐患。

⑤不要持弓玩耍或打架，射箭要到无人、无视线的地方。

⑥拉弓时要用上弓绳，尽量不要用脚式上弓法，这样会使弓片变形。

⑦绝对禁止不搭箭空放弓弦，否则会损坏弓片，搭箭时还必须检查箭尾是否卡在弦上，否则容易造成空放。

⑧不要用其他的物品来代替箭进行射击，因为射箭是一定要卡在箭尾处的，其他物品在未经测试的情况下随意使用，会对弓造成损伤。

⑨无论选择什么型号、尺寸、品牌或类型的箭，在射出每一支箭之前，必须检查每支箭的箭杆、箭头和箭尾。如果存在脱落松动现象，要进行适当的维护，不能等在射后再修复，这会使损坏的箭更加严重，箭的损伤方面最重要的是要注意箭杆部分，如果箭杆头的尾部出现破损，还可以截箭处理，如果中间部分裂开，一定不能用，否则这是非常不安全的。

⑩射击的时候，不可掉以轻心。射箭时戴上护目镜。使用刀片式箭时一定要绕过弓弦和弓缆。切断弦和缆会对弓造成非常严重的损坏，并且有可能伤害射手或其他人。不要超过弓的峰值拉力。

(四) 隔网对抗性项目运动员礼仪

隔网的对抗性项目主要包括排球、乒乓球、羽毛球、网球等，其项目特点是具有高度的技巧性、灵活的思维性、技术的全面性、激烈的对抗性和攻防的二重性等。

礼仪要求：参加排球比赛前，运动员应该严格按照竞赛规则和赛会组委会规定，认真准备各项参赛事宜，包括参赛服装、护腕、护膝、胶带等。

参加乒乓球比赛，运动员要穿统一规定的比赛服，短袖运动衫、短裤或短裙，穿运动鞋袜，服装颜色应与比赛用球的颜色有明显区别。

参加羽毛球比赛，男运动员穿带领子的半袖运动 T 恤衫和短裤，女运动员穿中袖或无袖上衣及短裙或连衣短裙。羽毛球服饰通常以白底色为主，适当配以花色图案。要穿专用羽毛球鞋入场，赤脚穿鞋入场不安全，也是不雅观的。

参加网球比赛，网球服饰通常以白色为主，男运动员穿带领子的半袖运动 T 恤衫和网球短裤，女运动员穿中袖或无袖上衣及短裙或连衣短裙。要穿专用网球鞋入场，赤脚穿鞋入场同样是不雅观的。

此外，排球作为一个集体运动项目，对入场程序有着严格的规范。网球、羽毛球等项目亦有各自的入场程序，运动员应该根据赛事级别、赛事惯例、赛事规模等因素，认真组织。

1. 排球的起源和运动员礼仪

(1) 排球的起源

1895 年，美国一位名叫威廉姆斯·盖伊·摩根的体育工作者想把流行的网球运动搬到室内，放在篮球场上用手打球，容易出界，所以他做了一些改进，如一是改变排球的先落地后回击的规则，改为不允许落地；另一种是扩大排球的体积，用篮球的球囊作为排球的球胆充气。第二年，有位博士将此球命名为"华利波"，意为"空中飞球"，排球由此诞生。

1964 年在东京举行的第十八届奥运会上，排球首次登场。如今，排球已成为世界五大洲最受欢迎的运动项目之一。

排球是一项文明的集体运动。或许是因为场地的限制，双方球员几乎不能互相碰触，所以排球场上基本没有发生过暴力事件。但也正是因为排球的文明程度高，排球运动对文明礼仪的要求也更高。

(2) 排球比赛入场仪式

在大型排球比赛中，比赛开始前 4 分钟，双方运动员在裁判员带领下，在边线处站好，等待入场。第一和第二裁判员分别站在 A 场区和 B 场区，位置在中央球网的两侧，面向记录台。每队 12 名队员，队长在前，自由防守队员跟随其后，队员由高到矮列横队站在裁判员两侧(不超过 3 米线)，面向记录台。此时，广播员宣布比赛名称，奏国歌。完毕后，第一裁判员鸣哨，双方运动员在球网两侧握手致意。裁判员返回到记录台前，告知双方7名上场队员在替补席就坐，替补队员站在准备活动区内。

两分半后，第一裁判站在记录台左侧A区边线，第二裁判站在记录台右侧B区边线处。伴随音乐进场后，两名裁判员分别站在球网两侧，面向记录台，广播员介绍裁判后，第一裁判走上裁判台，第二裁判回到记录台。

音乐再次响起后，广播员介绍了场上的队员，从小号、大号、自由防守队员到教练员，然后介绍请双方的运动员站好位置。

第二裁判将两个比赛用球分别交给1号和5号位捡球员，然后检查双方球员的位置。检查完后需要将比赛用球交到发球队员手中，然后举双手向第一裁判示意，一切准备就绪。看到第二裁判的信号后，第一裁判吹哨发球，比赛开始。

(3) 排球运动员礼仪

①球员在比赛中不得向球网喊叫，因为对方球员在球网的对面，向球网喊叫被认为是对对方的挑衅或侮辱。

②比赛中任何时候都严禁用大脚踢球。以前的规则严格禁止髋部以下的身体接触到球。

③比赛暂停，教练员讲话时，运动员应围在一旁听教练员讲话，训练时也是如此。

④发球员准备好发球后，要注意裁判，这既告诉裁判自己准备好发球，也是对裁判的尊重。

2. 乒乓球的起源和运动员礼仪

(1) 乒乓球的起源

乒乓球运动起源于英国。19世纪后期，虽然网球运动已经风靡全欧洲，但由于地理位置和气候条件的限制，英国一些大学生还是将网球运动搬到了室内，以餐桌为桌，以书为网，以羊皮纸为球拍，在餐桌上来回打。1890年，一些驻扎在印度的英国海军军官感受到了打乒乓球的乐趣。后来，他们将原本弹力不大的实心球改为了实心橡胶球，再换成了中空的塑胶小球，并用木板作为球拍，并在桌子上玩起了一种新颖的"网球游戏"。

(2) 乒乓球运动员礼仪

①遵守比赛时间，按规定提前到达场地，切勿拖延。

②如果对方或裁判没有发现网或边，应主动举起。

③比赛时要认真，不要让人觉得选手心不在焉。没有人喜欢看这种赛事，就算这名选手打得再好，观众也会讨厌的。

④比赛过程中，不得故意大喊大叫，不得使用伤人、不文明语言。

⑤不能穿过于露骨的上装、以及秋裤、拖鞋。喝酒后不要比赛。

⑥如果有擦边或擦网的球得分，应举出起执拍的手表示道歉。

⑦球员失误时，无论对方在场上哪个位置，都应主动捡起落在自己身边的球，轻轻递给对方。因自身失误，球在你这边，不去采取捡球或故意占便宜，明显延误比赛进程，只是为了努力恢复自身的体力，或扰乱比赛对手的节奏，这样的行为是不礼貌的。

⑧当对方打出好球时，给予肯定和表扬。

⑨发球时，先看对方是否做好接球准备。不看对方就发球是对对方的不尊重。

⑩在对方失误时，或打出好球后向对方大吼大叫并挥舞拳头，都是不礼貌的行为。

⑪击球击中对方身体时，应及时向对方道歉。

⑫在比赛中，举手阻挠对方发球是一种常见的战术，但屡屡如此，只能令人不齿。这个战术用得多了，很容易引起裁判的黄牌警告。

⑬输球后以泄愤为目的踢、打、扔东西，属于不文明行为。

⑭双打输了，不要责怪搭档；如果你赢了，功劳归于你的搭档。如果输了，也一定要鼓励自己的队友，并避免在比赛中抱怨。

⑮比赛结束后，无论胜负都应及时与对方（双打搭档）握手，然后与发球裁判员、裁判员握手致谢。

3. 羽毛球的起源和运动员礼仪

(1)羽毛球的起源

羽毛球最早出现于14至15世纪的日本。球拍由木头制成，球由樱桃核和羽毛制成。因为持球器是樱桃的核，这种球的重量太重，球的飞行速度太快，容易损坏球的羽毛。此外，球的成本太高，所以这项运动在一段时间后逐渐消失。

现代羽毛球诞生于英国，大约在1800年，由网球衍生而来，现在的羽毛球场与网球场还是很相似的。1870年，出现了用羽毛和软木制成的球和带球弦的球拍。1873年，英国人在格拉斯哥郡进行了一场羽毛球比赛。从此，羽毛球逐渐发展起来。当时场地呈葫芦形，两头宽，中间窄，窄处挂网。直到1901年才改为长方形。

(2)羽毛球运动员礼仪

①在初学打球时常常会发生满场找球的情况，如果自己击的球落到了邻场，这时邻场的人们正练球中，请耐心地等候别人击球结束；如果贸然入场捡球会伤害别人。别人给你捡球时，要说一声"谢谢"。

②当球落地时，一般由球所在的场地一侧捡起。当球触网落在中路时，双方应主动上前接球，不要因为对方打下网就站在原地不动。

③在开球前，应先看一看对手是不是早已作好了接球准备，而且最好把球举起示意一下。不能连看都没看就把球发出去了，因为这样别人也有可能接不了球，当然这也是对对手的不尊敬。

④任何时候都不要触压球网，即使你在和对方进行语言交流。

⑤一般交流性赛事，当对方的回球靠近底线时，应主动告诉对方球是"in"（界内）、"out"（界外），或者是压线。

⑥如多人同时使用同一场地，场上队员应注意相互礼貌。

⑦必须相信裁判，服从裁判在场上的决定。由于羽毛球速度快，在场上的球很容易因为角度、光照、位置等的影响而产生不同的得分结果。即使在国际比赛中，专业的裁判也会做出错误的判断。

⑧如果击中幸运球——球入网后，球会改变方向和速度落在对方场上，应说"sorry"（对不起）或举起球杆示意。

⑨不慎将球扣在拍框上，使得球落入对方场区。不必得意忘形。应该像职业球员一样用球拍面对对手道歉。

⑩在比赛开始和结束时，运动员要与对方和裁判员握手；如果跨网，则在网上方握手，不能在网下方握手。

⑪负方必须主动接球，从网顶将球打给对方。不能打到对面无人的位置，也不能在网下随意挑球给对方，任何一种网下传球都是违规的。

⑫换球时要征求对手的意见，从裁判员处拿到球时，要说"谢谢"。

⑬如果有争议,可以和裁判争论。即使裁判最终坚持判罚,你也必须表现出尊重和服从。

⑭参赛时请携带参赛物品,并按要求放置在指定地点。

⑮打双打时,一定要在搭档犯错时给予言语上的鼓励。"没事""没关系""别担心"和"慢慢来"应该永远挂在嘴边。对于自己的错误,要说"对不起"(sorry)"我的错",把责任推到自己身上。

⑯如要求擦汗、喝水、系鞋带、插发卡、擦地板等,必须向裁判举手并征得裁判同意。这是对裁判的尊重。

4. 网球的起源和运动员礼仪

(1)网球的起源

网球最初也叫做室内网球。该运动首先出现在 12 世纪初,由法国西部的传教士们开展的。

现代网球运动始于 1873 年的伦敦,当时英国人在沃尔特克洛普顿温菲尔德首次开展了早期的网球运动,后将其扩展为夏季在草坪上开展的运动,并定名为"草地网球"。

(2)网球运动员礼仪

①训练中,当你的球滚入邻近球场时,请耐心等待别人击球结束。同时尽量避免在球员视线范围内随意走动,否则不仅不安全、不礼貌,而且还会被认为是"意外阻碍",从而影响比赛的正常进行。可以先站一边观看,等球成"死球"时再快步入场捡球,或请他人帮忙将球传出来。别人帮你捡了球,不要忘记说一声"谢谢"。

②发球前,先看看对方是否做好接球准备,最好举起球作为信号。看球不击球,是对对手的不尊重,极有可能造成"意外事故"。

③请勿跨过网或触摸网。

④训练时,当对方回球接近底线时,应主动告诉对方球是"in"(界内)、"out"(出界)或压线。

⑤训练中击球出界或入网时,即使不是故意的,也要向对方说声"对不起"。

⑥如果练习人数较多,请勿抢占场地,按顺序进行。对老人、孩子和妇女要谦虚,对你的伙伴和对手要热情和礼貌。要有耐心,不断鼓励。

⑦不可穿过正在打球的场地，应从网球场的周围绕过。当和同伴练球时，要主动捡球，不要抢打同伴的球，当对手打出好球要给予鼓励。

⑧比赛结束后，无论胜负如何，都要双目注视对方，主动到网前和对方握手，以示友好。

⑨练习者不要从球网上面跨过或者将身体压在上面去捡对面场地上的球，否则网绳很容易因经受不住压力而断掉。

⑩在比赛中，当对方打出好球时，即使有些沮丧和遗憾，也要像职业冠军一样用手轻拍球拍，表达对对手的赞赏。

⑪在双打比赛中，队友之间应该互相鼓励，积极配合，信任和尊重自己的搭档。比赛结束后，先与队友握手，再与对手握手，表示感谢。

（五）同场对抗性项目运动员礼仪

同场对抗性项目比赛激烈、运动员情绪容易波动，所以良好的礼仪显得尤为重要。

礼仪要求：参加足球、篮球、橄榄球比赛的运动员，应该严格按照竞赛规则和赛会组委会规定的要求，认真准备服装、护腕、护膝、牙套等在内的一切参赛用品。

足球、篮球等都有严格的入场程序。因此，运动员应该根据赛事级别、赛事惯例、赛事规模等，严格听从组委会和裁判员安排，保持良好的精神风貌。

1. 足球的起源和运动员礼仪

（1）足球的起源

足球是一项古老的运动。足球起源于我国古代一种叫做"蹴鞠"的球类运动，后来通过阿拉伯人传到欧洲，发展成为现代足球。所以，足球的故乡是中国。但现代足球起源于英国，从英国走向欧洲，从欧洲走向世界。现代足球已经成为世界上最受欢迎的运动项目之一。

足球礼仪是足球文化内涵的重要组成部分。足球礼仪的本质是足球运动员对自己和他人的尊重。足球礼仪不仅代表着一个国家和地区足球发展的成熟程度，更代表着足球运动员的素质水平。

（2）足球比赛入场仪式

以中国足球超级联赛入场程序为例。

①比赛开始前10分钟，裁判员将在入口处检查各队装备，并向比赛主办方示意检查后方可入场。中超会旗手、公平竞赛旗手、两个俱乐部队旗手、竞赛官员、裁判员、比赛队运动员（主队在右、客队在左）在规定位置集合；裁判员一排4人，双方球员排成两列。当4名裁判员进场时，从左到右分别是第二助理裁判员、第四官员、主裁判员和第一助理裁判员。

②比赛开始前5分钟，赛区主持人宣布"中超第××轮××队与××队的比赛开始，裁判员和运动员进场。"播放进行曲。由中超联赛旗帜、公平竞赛旗帜、两家俱乐部旗帜引导，赛事官员带领裁判和运动员伴随着国际足联的公平竞赛音乐入场。

③比赛助理裁判员走到赛场边线，站在右侧，右手比划，请主裁判员和运动员带领球童继续进场。

④中超旗帜停在中圈远端，公平竞争旗帜停在中圈，两家俱乐部旗帜停在距离边线15米处。所有旗帜面向主席台展示，竞争官员面向讲台站立。

⑤主持人宣布"全体起立"，比赛官员、裁判员、运动员、旗手面向国旗立正，主持人宣布"升国旗，奏国歌"，仪式结束后，主持人宣布"请坐"。

⑥客队运动员在队长的带领下依次与主队运动员握手，然后依次回到原位，如果提前安排，他们可以合影留念。

⑦两队队长在主裁判的主持下挑球挑边。

⑧比赛官员、裁判员、双方运动员就位，准备开始比赛。

（3）足球运动员礼仪

①准备。参赛各队应该严格按照足球竞赛规则和赛会组委会规定的要求，准备各项参赛事宜及参赛服装。

②握手。在很多比赛中，双方握手、裁判轮流握手的礼仪一直被保留下来。一些球员在这种短暂的握手中互相问候，先表示友好的态度，这是对球员最基本的尊重。

赛前握手时，可以说"加油""不吝赐教"等礼貌用语。

③选手在全力以赴的比赛中，应保持适当的理智，避免过激的行为。

第四章 体育运动员的礼仪

④激励。比赛开始前和比赛进行中的特定时间,如上场前、比赛开始前,球员必须站在一起互相鼓励,具体方法和口号由队长根据当前情况决定。可以全体队员侧身围成一圈,每人交替伸出双臂,上下叠放,同时喊出欢呼的口号。

⑤进球庆祝。球员在进球后可以单独庆祝,但绝对不能耽误赛场时间。

⑥犯规。对于无意犯规,裁判员吹哨后,犯规球员应举手表示接受判罚,并采取适当的动作向对方道歉。如果认为裁判有误,应通过队长、教练员或领队与裁判协调。不要在场上形成群体攻击的对抗局面,更不要采取辱骂等攻击性行为。

⑦选手受伤。当一名球员受伤时,对方应主动放弃进攻机会,将球踢出界外,形成死球,并让医生进场检查伤员。比赛继续进行时,受伤队球员主动将球踢回给对方,观众应鼓掌。

⑧交换制服。遇到有纪念意义的比赛,或者难得一见的明星球员和即将退役的球员,两支球队会交换队服作为纪念。

⑨致谢。比赛结束后,包括替补队员在内的所有队员都走到裁判席前,齐声向裁判表示感谢;走到对方教练面前,齐声感谢教练。

⑩颁奖典礼。领奖时切记着装整齐,整理仪容。走上领奖台时,精神饱满,从容自然,彬彬有礼,含蓄内敛。要真诚祝贺同时获奖的其他参赛选手,并向观众挥手致意。团体项目不要求大家都要与颁奖人握手,以队长为代表,其他人要保持友好的姿态。当有人给你颁奖时,你接受奖杯或奖牌时,无论是谁颁发的,都要有礼貌。应主动鞠躬,用握手、拥抱等方式表示感谢。集体领奖时,队长或代表可在领奖后将奖杯传给每个人,让大家分享胜利的喜悦和幸福。领取奖杯或奖牌后,应向观众举手致意。

2. 篮球的起源和运动员礼仪

(1)篮球的起源

篮球运动是1891年由美国的体育教师詹姆斯·奈·史密斯博士发明的。史密斯从工人和儿童向"桃子筐"投准的游戏中得到启发,设计将两只桃篮分别钉在健身房内两端看台的栏杆上,桃篮口水平向上,距地面10英尺(约3.05米),把球向篮内投掷,按投中得分多少来决定胜负。以后逐步将竹篮改为活底的铁篮,再改为铁圈下面挂网,至1893年,逐渐形成近似现代的篮板、篮圈和篮网。因为这项游戏最初使用的是桃篮和球，所以取名为篮球。

1908年美国制定了全国统一的篮球规则，并翻译成多国语言，发行于全世界，篮球运动就这样慢慢传入了欧洲和东南亚等地区，逐渐变成了一种世界性的体育运动。

(2)篮球比赛入场仪式

以中国篮球职业联赛入场程序为例：

①赛前6分30秒宣布：请双方运动员停止练球，准备入场。

②赛前6分钟宣告：×××年至×××年中国男子篮球职业联赛××赛区××队对××队的比赛现在开始。介绍双方运动员、教练员。××队（先客队）运动员×号×××（依号码顺序），身高××米。教练员×××，助理教练员×××（主队相同）。

③请全体起立，奏中华人民共和国国歌！请坐。请双方运动员相互致意。请双方运动员向观众致意。

④赛前3分钟宣告：担任本场比赛的主裁判×××，××级；第一副裁判×××，××级；第二副裁判×××，××级。

(3)篮球运动员礼仪

①参赛各队应该严格按照篮球竞赛规则和赛会组委会规定的要求，准备各项参赛事宜及参赛服装。

②比赛过程中要做到尊重裁判、尊重对手、尊重同伴、尊重观众。

③比赛过程中因失误等情况造成攻守转换时，队员不可互相埋怨、互相推诿、扯皮。

④服从裁判员的判罚，如对判罚有异议应按照规则或裁判法规定的程序提出。

⑤比赛中要有保护对手身体不受伤害的意识，场上严禁打架、谩骂及一切不礼貌的行为和举止。

⑥比赛开始和结束时，如裁判员示意双方队员握手时，要积极主动与对方握手。队员向观众示意致谢，双方队长向裁判员示意致谢。

第三节　颁奖礼仪

颁奖仪式是对赛后取得优异成绩的运动员进行的表彰活动，内容丰富的颁奖仪式还辅以隆重的升国旗和奏响国歌的仪式。颁奖仪式的主要步骤是上领奖台、发奖品、升旗、向观众致意。

一、登领奖台

参加颁奖典礼时，前三名运动员应穿上颁奖服，注意仪容仪表，尽快到大会指定地点等候。站在领奖台上，要沉着自然，精神饱满，队伍整齐。在全场掌声面前，微笑挥手致谢。仪式开始后，大会主席将宣布获奖运动员名单。按季军、亚军、冠军顺序，听到运动员姓名后，与其他获奖运动员握手致谢，同时向观众致意，最后进入正确位置。联合赛的运动员上台领奖时，要保持全队团结，最好事先练习或听从队长的指挥，在大家注视的领奖台上，不能够开玩笑或环顾四周。

二、授牌仪式

在颁奖仪式上，要求运动员面带微笑，彬彬有礼。颁发奖牌时，颁奖者将奖牌挂在运动员的脖子上。运动员鞠躬，以便颁奖者戴上奖牌和握手。以示感谢，运动员在领取奖牌后，应举起奖牌向观众致意，并留出时间让记者拍照。

三、升旗仪式

在国际比赛的颁奖仪式上，当运动员们领取奖牌时，升起前三名运动员的国家的国旗，同时奏响冠军国家的国歌。冠军代表团的国旗从中央旗杆升起，第二名和第三名代表团的国旗分别从中央旗杆右侧和左侧的旗杆上升起。五星红旗升起时，中国运动员应将身体转向国旗方向，庄严站立。随着国歌的奏响，他们要看着国旗缓缓升起。直到奏响国歌完毕。国外运动员有时会采用右手触胸等特殊姿势，中国运动员不要盲目模仿。即使升起他国国旗，奏他国国歌，我们的运动员也应该给予同样的尊重。升旗仪式是十分庄严的、隆重的、激动人心的。不少运动员看着升起的国旗会不禁落泪。

四、向观众致意

颁奖仪式结束后，获奖运动员在引导员的带领下绕场走动，运动员必须对观众有礼貌。当观众要求与运动员握手时，运动员必须伸出手来。热情的握手，当观众要求合影时，运动员必须积极配合。运动员拒绝与观众握手、合影或签名是非常不礼貌的。

第四节 面对媒体的礼仪

一、运动员面向媒体时遵从的礼仪

媒体是不可或缺的舆论资源聚合者和影响者，是重要的营销传播者和平台搭建者。个人、组织甚至一个国家的形象，主要取决于个人的礼仪。因此，运动员在面对媒体时，应对媒体的礼仪是重中之重。面对媒体要优雅得体，运动员应从以下三个方面入手。

第一，要有尊严。无论是训练还是比赛，运动员都是媒体关注的焦点。特别是比赛期间，运动员会经常出席新闻发布会、接受记者采访等，运动员要衣着得体、端庄、举止得体，自然放松、有礼貌，这样才能保持良好的形象和风度，让照相机和摄像机留下中国运动员的良好形象。

第二，要谦虚。在记者的镜头和摄像机前，要始终保持乐观、谦虚、严谨的态度，不要刻意回避，不要因胜利的喜悦或失败的烦恼而昏昏沉沉。在时间允许的情况下，尽量满足对媒体的要求。如果你因为没有时间不能接待来访的记者，你应该坦诚地告诉他，"我有事，暂时不能接待"。说话时，态度不能生硬，要有礼貌。

第三，注意保密。保密主要是指赛前准备、比赛计划、阵容以及运动员和教练员之间的各种关系等。作为国家队的一员，保密是我们的责任。赛前，一般不向记者发表有关内部情况的评论。当某些问题不适合记者公开报道时，应告诉记者"请不要在文章中写这些""希望这些事情不要公开"等，并有权请记者将书面稿件送审。

二、媒体记者需遵从的礼仪

体育运动蓬勃发展的今天，体育赛事报道不仅在报道构成中所占的比例越来越大，而且对人们生活的影响也日渐深远。为了更好地发挥体育的娱乐和教育功能，媒体记者不但要精彩、真实地报道体育赛事，更要注意体育报道的价值取向，要把颂扬公正与文明的体育精神作为报道的主旋律，同时媒体记者在报道和采访时的言行举止也要符合职业要求以及社会共同的价值标准，表现出应有的格调和礼仪。

（一）记者体育解说礼仪

当体育解说员坐到解说席上时，他的社会角色就是从事现场报道的记者，其言行举止应该与周围的观众不同，要摆脱运动员、观众乃至自身的干扰，以体育解说员的职业标准和礼仪要求来报道比赛。体育解说员的礼仪主要表现在以下三方面。

其一，解说语言要专业、文明。解说员要以清晰、文明、专业的语言向观众或听众做现场解说，解说时不能说说笑笑。

其二，情感表达要公正。解说员要在解说中传达出体育精神，要公平、公正、客观地报道比赛，不能偏袒某一方而贬低另一方。如果解说员从狭隘的利益或自身兴趣出发进行评说，就会参加不正常、不合理的情绪而使解说变样。虽然这种解说可能与多数观众的切身利益无关，却与比赛双方包括赛事组织者的利益相关，也与比赛双方支持者的情感有关。当体育解说出现明显的偏袒，就可能招致事端，并影响媒介的公信力。

其三，控制自己的激情。体育解说员在解说时需要激情，这种激情应该是发自于对双方运动员精彩对决的赞赏，而不是像球迷一样为了某一方队员而摇旗呐喊。在赛场中，体育记者可以有自己作为观众时的激动表现，但作为现场解说员，则需要用理性取代感性，避免宣泄自己的球迷情绪。

（二）记者赛后采访礼仪

体育比赛的现场采访与其他采访不同，由于运动员刚刚结束比赛，体力消耗比较大，而且受比赛成绩的影响，运动员的情绪波动也很大，这就要求记者要体谅运动员，在采访时做到有礼有节，体现人文关怀，主要体现在以下三个方面。

其一，要在运动员体力恢复后采访。运动员比赛之后大多体能消耗过多，这时记者不要蜂拥而上将话筒塞到运动员嘴边或者拉着他们谈感想，而应该等运动员略做休息以后再进行采访。

其二，要尊重运动员。记者在向运动员提问题时要给予运动员应有的尊重，要顾忌他们的情绪变化，不能伤害其自尊心。另外，运动员在失利后需要一个相对安静的环境，这时记者是不适宜去采访的，运动员最愿意接受采访的时候，是他们获得胜利的时刻。

其三，要具备基本的体育项目专业知识，采访的内容要尽量限制在比赛项目上。

第五章
体育观众的观赛礼仪

第一节　速度性项目观赛礼仪
第二节　耐力性项目观赛礼仪
第三节　准确性项目观赛礼仪
第四节　对抗性项目观赛礼仪
第五节　综合类项目观赛礼仪

体育赛事的观赛礼仪是观众在比赛活动过程中为了表达尊敬、教育和审美意义所遵循的一套行为准则和规范。它是人们在长期的体育比赛中形成和制定的行为准则和规范。在体育比赛中，观众的角色不仅是赛事的旁观者，更是重要的参与者，他们的言行举止对赛场上的选手有着重要的影响。拥有良好体育观赛礼仪素养的观众能为运动员们提供良好的比赛环境，并能通过适当的语言或行为激发运动员的斗志、鼓舞士气。而缺乏体育观赛礼仪素养的观众的行为则会打扰、阻碍运动员们的发挥，甚至可能使整个比赛无法正常进行。在此背景下，本章从速度性项目与观赛礼仪、耐力性项目与观赛礼仪、准确性项目与观赛礼仪、对抗性项目与观赛礼仪、综合类项目与观赛礼仪这五类运动项目角度展开具体的分析。

第一节　速度性项目观赛礼仪

速度性项目是一种专注于体能和速度的项目，主要包括田径、自行车和其他项目。这些项目完整的技术动作由若干个相同的动作周期组成。运动中人体的重心在水平方向上移动的直线和平稳性，保持移动中合理的运动节奏，位移的速度将直接决定运动的效果。

一、观赏田径比赛

田径是奥运会的重头戏，观看这类运动需要从各个小项目不同的特点和每项的意义方面进行观察。

（一）田径运动的特征

走、跑、跳、投是人类生活中的重要技能，也是田径运动中的基本形体活动。如果这些自然动作表现得好，技术过硬，将有助于取得好的运动成绩，也能获得更好的名次。

田径运动既是一项个人运动，也是一项团队运动。团队得分和排名由个人得分和排名相加决定。田径是所有重大体育赛事中项目最多、参赛运动员最多的赛事。

第五章　体育观众的观赛礼仪

举办高水平田径比赛(如奥运会)，田径场馆、器材等设施必须符合国际田联规定的要求。比如我国举办 2008 年奥运会的场馆、设备等设施，就从很多方面展示了当时的科技水平。

(二)田径运动的意义

田径运动可以有效地发展速度、力量、耐力、敏捷性和协调性等身体素质，提高体质，掌握运动技能，提高运动成绩，增强意志力。

(1)长期地竞走或长跑，使全身的肌肉都参与工作，可以加速新陈代谢，增强心血管、呼吸等系统的活性，协调全身机体各器官的系统机能，有效开发耐力，培养意志力。

(2)中速跑和快速跑，需要进一步提高身体各系统器官的适应能力。身体的所有肌肉群都参与锻炼。心血管、呼吸等系统活动也随着跑步速度的提高而变得更有活力。可以有效地发展速度、耐力、力量，也可以让顽强的精神跨越更高的阶段。

(3)跳跃是人体在短时间内以高强度的神经肌肉力量克服障碍的运动。如克服地心引力、体重、自我运动中的各种生理病理不协调和不适应，克服运动环境、器械、情绪等的阻力等。

(4)投掷项目是将专门器械推远或扔远的比赛项目。

(5)全能运动可以全面地发展身体素质，更全面地掌握田径运动技能，也可以更好地发展综合耐力，增强顽强的意志品质。

(三)观赏田径比赛的礼仪

2020 年在日本东京举办的第三十二届奥运会举世瞩目。观看这种比赛，最重要的是学会为运动员鼓掌。听起来简单，其实有很多细节。比如在短跑比赛中，观众应该适时为运动员鼓掌。看过百米项目的观众都应有这样的印象，当裁判发出就位命令的前后几秒，赛场上会突然非常安静，观众也不能欢呼呐喊，防止运动员因场外因素走神。在长跑项目中这些问题原则上是不存在的，但观众适时的掌声还有另一层意思，即对运动员表现出的奥林匹克精神的尊重。在一些长跑项目中，一些实力较弱的运动员远远落后于领先的运动员甚至被套圈。但他们

体育礼仪理论与实践探析

从未放弃，坚持跑到了最后。在这种情况下，观众应该为这些具有参与精神的运动员鼓掌。跳跃项目的运动员在助跑的时候，观众的鼓掌是有节奏的，是要配合运动员的步点的，而这种节奏又是不一样的，因为跳远前几跳的助跑节奏跟跳高又不太一样。田径是奥运会最重要的项目，观看田径比赛时，一般应注意以下九点。

（1）观看比赛应提前入座，既尊重运动员又不影响其他人观看比赛。

（2）颁奖、升旗、奏国歌时，应肃静站立，不言不笑，以示尊重。

（3）运动员在入场时，观众要给予鼓励和掌声，不仅要给自己国家的运动员和自己喜欢的运动员，还要给其他的运动员。

（4）在投掷、跳跃项目运动员开始助跑时，观众可根据运动员助跑的节奏鼓掌。

（5）在高度项目的比赛中，无论运动员的水平有多高，最终都会到自己无法超越的高度上。所以当运动员成功越过一定高度时，我们应该向运动员表示祝贺。但是，当运动员最终没能越过更高的横杆而结束比赛时，观众也应该给运动员以掌声。

（6）在短距离田径比赛中，当运动员站在起跑线后，播音员开始介绍每位运动员时，观众应以热烈的掌声和欢呼声表示对运动员的喜爱和支持。当裁判员发出"各就各位"的命令时，即运动员俯身开始跑时，赛场内应保持绝对安静。观众不要鼓掌呐喊，而应该在心里默默地为运动员加油，以免造成场上运动员因场外因素而分心。当发令枪打响时，观众可以充分释放活力和激情，为自己的偶像加油。

（7）在一些长距离项目中，如马拉松。当落后的运动员坚持到终点时，观众应给予这些运动员最热烈的掌声，为他们的参与精神鼓掌。

（8）比赛结束后，获奖运动员通常会绕场致谢。每个人都必须用掌声和欢呼来鼓励他们的坚持不懈。

（9）爱护比赛场地如同爱护自己的家。场内禁止吸烟，手机应该关机或调成振动或静音。

另外需要注意的是，在观看马拉松和竞走比赛时，观众可以对运动员给予掌声和鼓励，但不能上前递水。这在田径比赛中是有严格规定的，赛场上会有合理的补给安排,不需要观众替他们做。

二、观赏自行车比赛

自行车运动是一项多姿多彩的田径项目,体现在场地的多样性、比赛形式的多样性,甚至比赛结果的评判方式上。比如赛道计时赛是运动员与时间的赛跑,而自行车越野赛则是运动员与对手与自然环境的较量。比赛中既有依靠战术取胜的争夺赛和计分赛,也有完全依靠个人体力的越野赛和公路赛。

由于自行车比赛本身的特点,运动员在比赛中必须遵守相应的赛场礼仪。运动员必须文明地参加比赛,比赛中不得有故意碰、追、推等不道德的体育行为如果骑手感到被推挤或阻拦而处于不利地位,必须向主办方提出书面抗议;不能近距离跟随、乘坐机动车;不能终点冲刺曲线骑行并阻止其他人骑行;不能把食物带到就餐区以外等。

自行车是一项具有挑战性的项目。根据项目特点,可以近距离观看比赛。观众可根据自己的喜好选择观看,观看时应注意以下礼仪。

(一)观看场地自行车赛礼仪

场地自行车比赛的激烈程度和现场精彩的场面足以让观众欢呼雀跃。观看比赛时,观众必须尽早到达就座,不得擅自占领他人座位。不得越过隔离区进入场内或跑道,不得张贴标语、横幅。比赛开始时保持安静,让运动员听取裁判的建议。比赛中为运动员加油,在加油时,往往能营造温馨友好的氛围,让运动员在比赛中更好地展现顽强的斗志和奋发的精神。

作为场地自行车比赛的观众,如果"错过亮点",就很难真正体会到场地自行车这项运动的魅力。观赛前,观众要做好所看比赛必要的"功课",了解比赛规则和观赛礼仪。

观众除了要知道整个大赛事的相关知识外,还必须知道自己看的是赛道自行车的哪一个小赛事。根据不同的小赛事,关注的角度也不同。场地自行车项目包括个人追逐、团体追逐、凯林赛、团体冲刺、积分赛、麦迪逊赛等,在这种对抗性的赛事中,运动员的比赛能力得到了极大的考验,如何用精湛的技术赢得好位置非常重要。彼此能力越接近,位置优势就越明显。个人追逐有很多变数,开始领先的运动员可能会在瞬间输掉比赛。团队追逐不仅体现了选手的技术水平，更体现了团队的整体战术水平和选手之间的巧妙配合。积分赛是根据选手在比赛中的积分进行排名的比赛。观众需要仔细观察选手在每个冲刺圈中的得分表现。

运动员必须正确对待比赛结果，这也是他们认真对待比赛的重要标志。比赛最有价值的内容就是运动员的表现，技战术水平，克敌制胜的手段和顽强拼搏的精神。虽然场地自行车在我国不是很普及，但是还是有很多观众兴致勃勃地来到赛场。尽管有很大一部分观众对这项竞技项目不是很了解，但是观看本身就是一个逐渐探寻的过程。

（二）观看公路自行车赛的礼仪

观看公路自行车赛时，观众不要在赛道上停留。由于自行车赛场上不仅有高速自行车，还有各种广告车、警车、裁判车等车辆，当观众突然冲上去跑道上，他们不仅挡住了运动员的道路，还会影响运动员的发挥，本身就很危险，带孩子来观赛的家长要照顾好自己的孩子。另外，在观看户外比赛时，要注意天气的变化，做好防晒、防雨的准备。

第二节　耐力性项目观赛礼仪

一、观赏赛艇比赛观赛礼仪

赛艇这项运动是特别古老和文明的项目。几年前，国际奥委会曾在全球进行过一项调查，结果显示，在最受欢迎的夏季赛事评价中，赛艇是第四大最受欢迎的奥林匹克运动。看赛艇比赛主要看：运动员动作是否协调、自然、整齐划一；桨叶出水是否轻盈、入水是否快捷；船行走时的起伏是否流畅；桨叶在水下的做功距离与运动员的身材是否相称；桨频与船速之间的关系等。

赛艇比赛都在空旷的户外进行，为了保证比赛的公平，国际上主要的赛道都是人工设计修筑的。赛道周围绿化通常都很好。观众们以蓝天为顶，以大地为看台，既可以看碧水中轻盈的舟艇如离弦之箭划过航道，看运动员整齐划一的划桨动作，听舟艇撞线时的汽笛，又能亲近自然，呼吸新鲜的空气，所以看赛艇比赛就像一场户外的狂欢。

赛艇比赛对观众的限制较少，可以大声呐喊、击鼓助威。不过在观看比赛之前，需要做好防晒准备，像涂抹防晒霜并戴上遮阳帽。赛艇场通常设有一些商业亭和临时餐厅。通常在国际比赛中，运动员在最后一天的比赛结束后会自发地在赛场上交换比赛服和纪念品。

赛艇比赛需要宽阔的水域，而且比赛场地都在室外，所以观众只能在场地的两边为运动员加油。赛艇比赛的关键是控制节奏，最好让观众知道了解运动员的赛艇节奏，为运动员加油。由于比赛场地比较空旷，观众可以使用乐器或锣鼓等其他工具为运动员加油。与其他比赛不同的是，在大多数情况下，由于赛程原因，观众有时看不到运动员，运动员也不一定能听到观众的掌声和欢呼声。无论有没有观众，运动员都要努力比赛。

二、观赏皮划艇比赛观赛礼仪

皮划艇比赛是一项能够给人以愉悦感的运动，既有激烈的竞争，也有运动员发挥技术时展现出的运动之美和韵律之美。观赛时，应注意欣赏激流中人与自然搏斗、战胜复杂多变环境的精神和场面。皮划艇比赛的关键在于掌控节奏，观众最好能找准比赛的节奏，随着划桨的动作加油喝彩。同时，皮划艇比赛因为是在室外进行，加上水的反光作用，应注意防晒并加强防暑降温的自我保护。

第三节　准确性项目观赛礼仪

一、观赏射击比赛观赛礼仪

射击比赛是一项非常精彩的赛事，即使没有激烈的对抗，环环相扣的紧张气氛依然吸引着观众的视线。只有沉着冷静地参加比赛，才能取得好成绩。作为观众，在观看比赛时要与运动员形成一个有机整体，我们应自觉尊重射击场的礼仪，为运动员创造良好的比赛环境。作为观众我们应该很清楚，文明是观看比赛的前提，尤其是射击比赛，选手更要有冷静的心理素质，不能出现一点差错。所以，要在不影响选手发挥的前提下观看比赛，也能避免出现人身伤害等事故。因此，观众在观看比赛时必须遵守以下规则，做一个合格的观众。具体原则如下。

(1)尊重所有运动员，没有任何种族、民族歧视，这是观看射击比赛最重要的。

(2)在指定的区域就座。射击比赛中有一些危险的情况。必须按照赛场要求坐在预定位置，请勿进入禁区，以免发生危险。

(3)比赛场地内严禁大声喧哗和打架斗殴。运动员进行射击时，场地内必须安静，以免影响运动员的注意力。

(4)不要吝啬鼓掌。一场没有观众掌声的比赛，无法体现比赛的魅力，所以在宣布比赛结果时，观众应该给予热烈的掌声。

(5)爱护体育场地和公共设施。

(6)手枪、步枪比赛在室内进行，对比赛环境要求较高。比赛开始前，观众必须坐在座位上，不能走动。观看比赛时，必须保持安静。绝对不能打电话，不要大喊大叫，也不要来回走动，观众尽量别拍照，即使拍照也一定不能使用闪光灯。当运动员射出好成绩的时候，要做到适度鼓掌，有声势的喝彩和欢呼应该在比赛完全结束以后再进行。

(7)为保持射击场地安静，观众最好不要带太小的孩子入场。

二、观赏射箭比赛观赛礼仪

古代射箭是一项贵族运动，当时的人们必须穿戴得体才能观看射箭比赛。现代的射箭比赛中对观众的着装没有这么特殊的要求，只需要观众穿着整齐就可以。在射箭比赛中，选手的注意力需要非常集中，稍有影响就会出现很大的失误。观众不文明的观看行为很可能会造成比赛选手发挥失常。因此，在观看射箭比赛时，观众不要大声喧哗，也不要使用手机，不要来回走动。如果一旦出现上述情况，裁判员有权责令不理解规则的观众离场。此外，当运动员瞄准目标并且箭在弦上时，观众必须保持沉默。由于比赛是在室外进行的，观众要注意天气的变化，做好不同的观赛准备。观众在观看比赛时必须是文明的，应该严格遵守以下要求。

（1）坐在指定的座位上。射箭比赛存在一定的危险性，请按照赛场要求在指定区域就座，请勿进入禁区，以免发生危险。

（2）比赛场地内严禁大声喧哗、打架斗殴和吸烟。进入场馆后必须将手机关机或设置为振动或静音。运动员射箭时，场地内必须保持安静，以免分散运动员的注意力。

（3）不要吝啬掌声。运动员射完箭后，即使射的成绩不好，观众也应该给予热烈的掌声和鼓励。在比赛中，如果本国选手在非常紧张的气氛中与其他国家的选手交手，对方不慎失手，这个时候不要庆祝别人的失败，这是非常不礼貌的行为。

（4）适时给予运动员鼓励。观看射箭比赛时，注意为运动员加油助威，不要在运动员准备射击时突然鼓掌。

（5）注意公共场所的维护，建议随身携带未受污染的矿泉水，要保持场地干净整洁，不乱扔纸片、果皮、空瓶子等。

第四节　对抗性项目观赛礼仪

对抗是竞技体育最重要的特征，也是竞技体育充满魅力的根本原因。对抗在竞技体育中表现为体力对抗、智力对抗、心理对抗、技能对抗等方面。如果再进一步探寻，竞技体育中的对抗，还是一个国家文化礼仪、经济实力、科技发展水平的一部分。在此基础上，本节选取隔网对抗和同场地对抗两个典型的体育赛事进行说明。

一、隔网对抗性项目观赛礼仪

隔网对抗项目是指以技巧为主的网前对抗项目，主要有排球、羽毛球、乒乓球、网球等项目，需要运动员的反应快速，技巧全面。

（一）排球项目观赛礼仪

观众应该注意以下四点。

第一，进入排球场，公众行为举止要文明。比赛开始前，运动员进场向观众致意时，观众应给予热烈的掌声。比赛过程中，观众始终与队员一起营造高涨的比赛气氛，适时地加油助威。每当运动员倒地、拦网或进攻得分时，观众的掌声就是对运动员最大的鼓励。当你支持的球队出现失误丢球时，全场的掌声就是对球员最好的安慰。尊重裁判，尤其是当裁判出现"控球""连击"等犯规时，观众不要轻易因为距离比赛场地较远就认为裁判判罚有误，而质疑裁判。

第二，球员在救险球时，很有可能连人带球都会出界。这时，观众不要急于握手或拥抱。应尽快帮助他们回到球场继续比赛。

第三，比赛暂停时，双方球员回到替补席上。在教练为球员布置战术时，附近的观众应尽量保持沉默，不能给球员带来干扰。

第四，当比赛用球飞入观众席时，应捡起来交给场馆工作人员，不要直接扔到场上，更不要将比赛用球留作纪念。比赛过程中观众可以拍照，但不允许使用闪光灯，因为闪光灯瞬间发出的强光会严重影响球员对球方向的判断。注意维持正常的赛场秩序，不要向赛场内乱扔物品。

（二）羽毛球项目观赛礼仪

羽毛球项目观赛礼仪主要有以下三点。

首先，羽毛球是一项需要集中注意力的运动。对于许多运动员，尤其是高水平运动员来说，比赛中的专注力是决胜局和获胜的关键。因此，观众在观看比赛时应该保持安静，不要发出噪音，也不可以随意走动，将手机调成静音模式。另外，虽然羽毛球场的背景通常比较暗，但也不允许使用闪光灯，以免分散运动员的注意力。

其次，我们要欣赏运动员的技术实力，理解他们为什么会赢，为什么会犯错，而不是盲目地依靠观看比赛发泄心中的兴奋和狂热。在赛场上，我们认为一些喊话可以改善赛场气氛，实际上却干扰了运动员的战术思维，影响了运动员的发挥水平。球员发球时，观众不能呐喊助威。当可以为球员加油鼓劲时，可以呼喊球员或羽毛球队的名称，对精彩的表演可报以长时间的热烈掌声和喝彩。不能喝倒彩，更不能用带有敌意的语言攻击对方运动员。

最后，羽毛球场平时封闭不通风，整个场馆比较闷热。观众要记得随身携带小扇子、纸巾等用品，以备降温或擦汗之用，用完纸巾记得妥当回收，不要随意乱扔。观赛可穿便装，但不宜穿怪异服装，而因为场馆闷热，更不要露胸露背。

(三)乒乓球项目观赛礼仪

乒乓球是一项非常精细的运动，在比赛中，球员的注意力非常集中，他们需仔细观察对手，迅速评估来球的旋转、速度、力量、落地和节奏才能准确地判断采用何种反击战术。因此，这就需要一个良好的比赛环境，双方球员必须克制可能冒犯观众或损害比赛声誉的不良行为，也不能故意有拖延、妨碍比赛的行为，不可以出现侮辱裁判的行为。

乒乓球比赛在相对较小的场地举行。比赛期间观众不得携带锣鼓入场，但允许携带小旗帜和标语。观众在观看比赛时必须保持手机振动或静音状态。当球员即将发球时，观众必须保持沉默。欢呼声和掌声要在死球后进行。比赛期间观众不得使用闪光灯拍照。因为闪光灯会对接发球造成影响，尤其会造成接球手的误判，会影响接球质量和命中率。此外，乒乓球场地一般不使用风扇和空调，所以观众要提前做好降温准备。

(四)网球项目观赛礼仪

网球是一项非常绅士的运动，有着深厚的文化底蕴。网球场不同于热烈的足球、篮球或排球赛场，虽然网球场也是竞技场，但网球场要求的是一种安静和谐的氛围，要求球员与观众具备良好的行为素养和友善的态度。

第一，严格遵守场馆安检规定。玻璃瓶、罐等固体饮料不得带入场馆。部分电子通讯设备(包括收音机、电脑等)也不允许带入。此外，在美国公开赛上，观众被限制将相机和摄像机带入场地。

第二，在网球比赛中，双方球员在奇数回合时要换边休息。然而，第一轮过后，球员们只是换边，并不能坐下来休息。因此，此时一般不允许场外观众入场。1、3、5、7等奇数轮后，欲入场的观众可在引导人员的帮助下尽快入场。如果在比赛开始时还没有找到座位，观众应该先找个地方坐下，在下次球员换边时再起身找寻座位。

第三，网球是一项会出现较多"失误"的比赛项目，球速很快，比赛时，运动员的注意力始终保持高度集中，而观众发出的噪音则会使他们分心，影响运动员水平的发挥，这一点在发球时表现得尤为突出。选手一旦受到场外影响就可能注意力不集中而使击球动作变形，所以在观看比赛时，观众要尽量保持安静，看台上应该是只有掌声而没有其他的嘈杂声，而且观众也不能在任何时间随意鼓掌，一定要等死球后才能鼓掌，鼓掌的时间也要适可而止，因为选手在准备发球的时候现场要保持安静，如果现场迟迟不能安静下来，选手就不会发球或者向裁判提出抗议。另外，在比赛时观众也不要随意交谈、吃东西或随意走动。一般情况下，观众在观看比赛时是不允许拍照的，如果实在想拍照则绝对不能使用闪光灯。

第四，如果球员将球击入观众席，观众应将球回传。因为一场比赛换球的次数是有规定的，所以换球通常是奇数局。在高水平比赛中，每个球的弹力和与地面摩擦后掉毛的情况都不一样。球的重量和弹跳高度在专家眼中也是不同的。因此，球手在比赛过程中会严格遵守比赛规则换球。

二、同场对抗性项目观赛礼仪

同场竞技运动主要是指在同一场比赛中强调技术和比赛的运动项目，如足球、篮球、手球、曲棍球、冰球、水球等。下面为大家介绍最具代表性的足球和篮球。并简单介绍一下它们的基本规则。

（一）足球项目观赛礼仪

足球被誉为世界第一运动，竞技性大，影响力大。现代足球以其独特的魅力，俘获了全世界人民的心。任何体育比赛都有胜负，但都没有像足球比赛那样举足轻重，一场比赛甚至与一个国家的民族情绪息息相关，胜者可以将这个国家推向欢乐的海洋，即使是失败了，如今激起一个民族的同理心，促进一个民族的团结，这就是足球在世人心目中的地位。

足球比赛是对抗激烈、冲撞性很强的一项球类运动。足球比赛观众往往情绪激动，起伏变化很大，最容易失控。观看足球比赛时，观众要提高修养，自我克制，做文明观众，特别注意控制好自己的情绪观看比赛。

首先，观看比赛（特别是主队或自己喜欢的球队的比赛）前，心态一定要平和。尽量提前入场，早一些到自己的位置上就座，减少因迟到而产生的焦躁感。其次，不携带含有酒精的饮料以及危险物品等明令禁止的各种物品入场。不往场地内投掷矿泉水瓶、打火机等杂物，以免造成场内秩序混乱。比赛结束后带走垃圾，妥善处理。

然后在球队入场时，要为双方球员鼓掌。为营造赛场氛围，球迷可以穿着与自己喜爱球队相同颜色的球衣，有组织、有节奏、有气势地为运动员喝彩助威，可以采取敲锣打鼓、有节奏地鼓掌、摇摆旗帜等方式为运动员喝彩助威。

进行观赛时，尽量不站起来，如前排有人站起来，影响到自己的视线，可用平和的语气提示对方，这样不但能有意识地控制了自己情绪，而且还能降低周围的紧张气氛。看球时尽量少参与周围的口号和人浪，一方面能降低周围的紧张感，另一方面能使自己更冷静。也不要喝倒彩，不辱骂、不用类似于"京骂"等语言攻击场上队员、教练员和裁判员。

尤其要注意的是，一旦喜欢的球队比分落后或失败时，更应注意控制情绪，文明友善，不说冒犯对方球队的话，不做过激行为，更不能谩骂队员、教练和裁判。还有尽量不过早地退场。

总之，观看足球比赛时，观众既要有激情，又要有理智。要注意影响和尊严，表现出应有的自尊、自爱和宽容大度。要能接受各种可能的比赛结果，为双方运动员鼓掌助兴，使运动员在友好的气氛中进行比赛。

(二)篮球项目观赛礼仪

篮球是一项技术含量高、对抗性强的运动，在比赛过程中，球员可以进行快攻、掩护、接应、突破、传切、策应、转移、空切、三分球等等。可以用战术进攻，也可以用技术防守，如紧逼战术、联防、盯人、协防、堵门、侧翼进攻等。高水平的篮球比赛往往被视为一门艺术，而球员们娴熟的盘带、传球、精准的投篮、巧妙的抢断以及攻守兼备的战术，都带给人们美轮美奂的享受。

篮球运动员在赛场上的出色发挥，关系到球员自身的技术水平，也关系到整个赛场的和谐。如果运动员无视自己在规则和道德方面的要求，赛场上就会出现混乱和不文明的情况。为了篮球运动和运动员自身的荣誉，运动员在赛场上要做到规范有礼。第一，运动员不能有拉、打、踢或是故意推对方球员的小动作或伤人动作；第二，运动员不能戏弄对手或在对手眼前摇手妨碍其视觉；第三，运动员不可以长时间地悬吊在篮圈上以炫耀自己；第四，运动员不能由于赌气而故意掷球打篮板，不可使用可能冒犯或煽动观众的语言和行为；第五，运动员在裁判宣判犯规后要有礼貌地举手示意，如有问题要有礼貌地与教练、技术代表、记录台人员或对方球员进行交涉，不可大喊大叫，延误比赛。

篮球在全世界都很流行。因为是在体育场内进行，观众和选手之间的距离比较近。为了不影响运动员比赛，观众要具备一定的场上礼仪，如：观看比赛时，可以带上内容健康、大小合适、表达心声的标语牌，适时展示出来。在CBA等篮球比赛前通常要奏响国歌，国际比赛时会奏响两国的国歌。这时候，每一位观众都要起立行礼；赛前介绍球员时，观众应为每位球员鼓掌；良好的互动可以激发运动员的斗志。因此，在观看比赛的过程中，可以采用各种形式为运动员加油助威，但不得发出与裁判员相同或相似的笛声和哨声。既要为本队加油，也要为对方的精彩表现加油。注意控制情绪，文明友好，不说冒犯对方球队的话，更不要辱骂球员、教练员和裁判员，不向场内乱扔杂物。禁止使用荧光棒干扰对方罚球，观众拍照时最好关闭闪光灯。

现代篮球运动正朝着对抗性强、速度快、空间大的方向发展。在一场高水平的篮球比赛中，两队的实力是相当的。运动员在赛场上的每一次奋斗，都是对生命极限的冲击和超越，这需要身体和精神上共同努力才能达到要求。篮球界享誉全球的"飞人"乔丹，向人们展示的不仅仅是他高超的篮球技术，更重要的是他从容自信的精神。

第五节　综合类项目观赛礼仪

一、现代五项观赛礼仪

现代五项是一项不仅考验运动员身体条件和技术水平的比赛，更考验运动员的意志和素质。在比赛中，所有运动员都必须努力拼搏。因此，每一个完成比赛的运动员都值得公众尊重。现代五项运动既包括室内比赛，也包括室外比赛。

第五章　体育观众的观赛礼仪

观众在场馆内观看现代五项中的游泳、击剑等项目时,要将手机关机或调成振动或静音,因为他们需要相对安静的环境。禁止大声喧哗和吸烟。而观看室外的比赛,最重要的是不要做出干扰比赛的行为。

观看马术比赛时,要特别注意文明礼仪,保持良好的观赛环境。观看时要保持安静,不要挥舞旗帜或装饰品。不要骑或者趴在围栏上观看比赛,也不要靠近或触摸任何马匹。否则,很容易使马受到惊吓,严重影响运动员的发挥。

在现代五项中,五个项目在同一天进行,对运动员的体力消耗很大。为了取得好成绩,运动员付出了很多。无论运动员的表现如何,观看比赛的观众都必须给予掌声和鼓励。现代五项比拼的是综合实力,许多运动员可能在他们最比较擅长的运动中表现出色,但在其他运动中落后。这个时候,不仅他们要努力拼搏,观众也要支持他们。

从礼仪的角度来看,现代五项与单项运动对运动员的礼仪要求基本相同,观众应该了解比赛的总体情况和每项运动的基本要求,才能更好地欣赏这个比赛。

现代五项包括五个项目。由于组成众多项目的性质不同,比赛需要在不同的场地或场馆进行,因此观众在观看比赛时要做好准备:可以准备一些简单的交通工具,以方便往返各种场地,这样有助于更好地观看整场比赛。如果观众特别喜欢其中的一些项目,也可以选择一两个项目重点观看,这样可以避免来回奔波。因为有一些户外项目,观众要考虑天气因素,注意防雨、防晒等。

现代五项是一项综合性的赛事,观众必须对五个单项的比赛规则和观赛礼仪有很好的了解,才能更好地观看比赛。例如,观看射击比赛时,选手准备射击时,观众必须非常安静,否则会严重影响选手的发挥;观看马术比赛时,要了解这是一项传统的贵族运动,有很多礼仪,如选手入场后要敬礼致意,此时观众也要向选手致意,不然会显得很无礼;在观看越野赛时,对运动员要热情地鼓掌加油,但是不要进入赛道,不要向运动员递水、递食物,不要做出妨碍运动员比赛的不适当的举动等。

二、铁人三项观赛礼仪

铁人三项比赛往往有几千人观赛,从大众的角度来看,观赛最重要的自我要求就是不要去触碰运动员,比如在比赛过程中,公众不能给运动员准备水。如果发生这种情况，运动员将被取消比赛资格。运动员需要饮用水时，要到组委会设置的饮水站取水。此外，观众不得在观看游泳项目时在运动员比赛水域里游泳，自行车比赛时，观众不得越过跑道，不得走上跑道。铁人三项是一项高强度的耐力项目，运动员在比赛过程中，随着运动员经过，群众应热情地为运动员鼓掌加油。鼓舞他们战胜自我的勇敢精神，以此激发运动员的斗志，顽强拼搏，勇攀高峰。

在主场馆观看比赛的观众必须准时到达，通过安检，不得干扰其他观众或直播。同时，观众必须遵守比赛场馆规则，禁止进入比赛管理区，禁止穿越比赛走廊和跑道隔离设施。通过比赛通道出入口时，请听从管理员指挥。在跑道上观看比赛时，观众必须服从管理人员的指挥，不得越过跑道，以免影响球员的发挥，或对球员和自身造成伤害。仔细观看比赛，不要将水瓶或其他任何东西扔到赛道上。此外，观众不得帮助自行车出问题的运动员来修理自行车。

观众也需要在赛前做好适当的准备，才能有更好的观赛体验。首先，要了解铁人三项比赛的一些基本知识和特点。其次，要了解比赛路线、沿路路段、观众区和通往观众区路线的禁行规定以及时限。再次，根据自己要观看的赛点选择交通工具和路线。最后，由于所有比赛都在室外进行，观众必须考虑天气条件，例如防晒和防雨。铁人三项是一项高强度的耐力比赛，是最考验运动员体力和意志的运动项目。比赛中，当运动员经过时，观众要热烈鼓掌，为运动员加油。

第六章
校园体育的礼仪

第一节　校园体育竞赛中的礼仪

第二节　校园运动场馆观赛礼仪

第三节　体育场馆锻炼礼仪

第四节　校园运动员礼仪

第五节　体育课堂常规礼仪

校园是学生接触体育运动的摇篮，他们健康成长，多才多艺，校园是体育教师传播体育知识和体育运动的圣地。主要包括体育运动技能和体育运动文化。学校体育教学不仅要使学生获得运动技能，更要使学生学会体育礼仪，做到体育礼仪外化于形，内化于心，这也是体育教师的神圣职责。本节将从校园体育竞赛中的礼仪、校园运动场馆观赛礼仪、体育场馆锻炼礼仪、校园运动员礼仪、体育课堂常规礼仪五个方面对校园体育礼仪进行具体研究。

第一节　校园体育竞赛中的礼仪

比赛是校园体育文化生活中最精彩、最吸引人、最引人入胜的体现，所以校园也是宣传和普及体育礼仪知识、养成学生良好行为习惯的关键场所。

一、尊重裁判员

校园体育比赛越来越多样化，这些比赛的裁判通常是体育教师、科任教师、校长、辅导员或班主任，甚至是学生体育爱好者。担当着比赛规则和比赛程序的监督者。在比赛期间，裁判员代表着规则与秩序、公平与正义、专业与权威，学生在场上必须服从并认可裁判的判断。

尊重裁判是学生运动员最基本的体育礼仪，尊重裁判就是尊重校园比赛秩序，为自己和其他运动员创造良好的竞技文化和环境。因此，当裁判员在比赛中出现误判、漏判或错判时，运动员必须保持冷静，并按照规则规定的程序礼貌地向裁判员说明情况。比赛结束后，运动员可向比赛组委会提出申诉，最终解释权归体育教师和裁判委员会所有。

二、尊重对手

在校园体育比赛中，运动员在场上是对手，在场下是同学。参加体育赛事是磨练自己的技能和结交新朋友的好方法。因此，学生运动员参与活动应端正心态，认清参与目的，尊重对手，才能获得他人的认可和尊重。尊重对手主要表现在如下内容。

(1)双方球员入场后应真诚问候或握手。在赛前热身活动中，双方要相互配合，相互尊重。

(2)比赛过程中，双方会有无意的言语或肢体行为。这时，双方应该冷静反应，相互理解。不允许有攻击性或故意挑衅的言行。

(3)比赛实力有高有低。作为一个强者，不要在对手犯错或落后时狂妄自大，不要嘲笑或贬低对手，作为一个弱者，也不应该因实力差距过大而放弃，故意撞倒比赛的设备，或故意伤害他人。这都是不尊重比赛的表现。

(4)比赛结束后，双方握手表达友谊。作为比赛的赢家，应该主动与对方握手并微笑，输家也应该握手祝贺赢家。

三、尊重观众

校园体育比赛以学生为主，尤其是主客场比赛，往往会吸引大量观众。有了观众基础，学校体育才能在校内走红，同时，观众也是体育比赛得以开展的信心和基础。因此，尊重观众是所有校园体育比赛的必然要求。在比赛中，运动员应该得到观众的支持和喜爱，在比赛中对自己负责，对观众负责，尽量在公开比赛中展现自己的高水平。对公众的尊重主要体现在以下四点。

(1)比赛开始前，应精神饱满、斗志昂扬，向周围观众鞠躬或挥手致意。

(2)在比赛中，运动员要竭尽全力，发挥最好的水平，让观众在激烈的比赛中领略本人和对手的技艺，获得精神上的享受和心理上的满足。

(3)观众在观看比赛时，为自己欣赏的球员加油助威，必然会产生一定的倾向性。当人群对某位同学或比赛中的某个时刻产生不满时，人群往往会通过喧闹等方式来发泄。此时，场上的运动员应尽量排除干扰，不受其影响继续比赛。

(4)比赛结束时，无论结果如何，运动员均应礼貌地向观众致谢。如果有观众前来握手或索要签名，要热情回应，不要怠慢观众。

四、尊重自己

参加校内比赛不仅代表个人，更代表整个学校的形象，因此要谨言慎行，符合体育运动的基本要求，尤其注意如下方面的礼仪。

(1)在赛场中尊重自己，不要以作弊或笨拙的手段取胜。

（2）在比赛场上做到有始有终，专注比赛，不因比赛输赢而影响自己的发挥。

（3）在赢得比赛后，应该注意控制自己的情绪，避免做出过激或粗俗的行为。若输了比赛，也应理性分析失败原因，不可出现踢桌子、赛后拒绝与对手握手、怒视对手和观众等低俗行为。

五、尊重队友

在校园体育比赛中，队友无论是室友、同学还是朋友，都要相互配合，这是团队技战术正常发挥的基础。尊重队友，顾全大局，这里主要体现在以下两个方面。

（1）在比赛中，强者不能在没有队友配合的情况下，一味地表现自己。队友之间要相互信任，取长补短，在竞争中互相进步。

（2）当队友犯错或配合不好时，应该互相理解，或以适当的方式进行安抚鼓励，而不是互相指责或谩骂。

六、尊重师长和教练

校园体育竞赛活动中的师长或教练员，不一定都是体育专业人员，遇到这种情况，需要尊重和服从师长或教练做出的安排。特别是那些具有一定体育特长的运动员，更要起表率作用，采用合理的方式展现自己的水平。如果被安排为替补队员，也不应在场下心生怨气，更不能对场上队员的发挥指手画脚，或进行嘲讽；如果有机会上场，不应因自己是替补人选而消极怠工，要认真比赛，付出自己的最大努力。

第二节　校园运动场馆观赛礼仪

随着我国学校体育事业的快速发展，大中小学体育馆建设发展迅速，特别是在城市中，一些设施齐全的大型体育馆逐渐投入使用，成为运动员锻炼身体的场所，同时也是展现体育文化的场所。

第六章 校园体育的礼仪

一、进入场馆礼仪

(一)着装得体

进入健身房场所,着装要整洁得体,自觉遵守场馆规定和要求,如不得穿拖鞋、不得在健身房内吸烟、不得大声喧哗等。

(二)守时和纪律

观看体育赛事时,要准时到场,等待球员和裁判入场时不得大声喧哗。对于某些项目,比赛开始时,场地内必须保持安静,不得大声喧哗。最好不要随意走动,电话必须关机。迟到者入场时要注意,最好等到一局比赛结束或球员休息时再入场。

(三)排队入场

观看大型比赛时,应按照规定的顺序持票排队入场,并主动将票握在手中,供工作人员检查。排队时不要吸烟,以免所持烟头会伤害他人。

(四)接受安检

一些高水准、高水平的比赛越来越多地在高校举办。作为观众应该积极配合安检,服从安保人员指挥,不携带危险物品和宠物入场。这些都是大学生文明素质的一部分。

二、观赛礼仪

(一)礼貌和文明

如有贵宾来校观看比赛,学生应热烈鼓掌,升国旗、奏国歌时,要自觉起立面向国旗。

（二）禁止使用闪光灯

许多比赛都禁止使用手机中的闪光灯功能，学生应该了解这些规定。

（三）适当拍手

比赛过程中，学生观众不能随意地为双方选手鼓掌、加油，必须遵守一定的礼仪。当运动员出场时，播音员介绍完运动员后，这名运动员举手示意，观众要热烈鼓掌，表示鼓励和支持；介绍评委时，观众也要热烈鼓掌；但在比赛过程中需要注意不能喝倒彩，也不要在观众席上闹事；颁奖时，观众也要鼓掌祝贺。

（四）注意对细节的处理

在体育场内观看比赛，观众必须遵守公共场所礼仪，不大声喧哗，不乱走动，不乱扔垃圾，不站在座位上，不乱刻乱画，不在场内饮食。

（五）面对紧急情况

学生观众应了解场馆安全通道的位置和要求，比赛中如遇停电、火灾、地震等紧急情况，不要惊慌，保持冷静，通过安全通道妥善疏散或安静地坐在自己的位置上，等待组织者采取措施施救。

三、退场礼仪

（一）避免提前离场

为了表示对运动员和裁判的尊重，同学们尽量等到比赛结束后再离开。

（二）有序离场

比赛结束后，学生观众要为运动员和裁判鼓掌，来对他们在赛场上的辛勤付出表示尊重和赞赏之后。慢慢离开座位。如果前面有堵塞的情况，请耐心等待，以免因人群拥挤发生踩踏事件。离开体育馆时，饮料瓶、塑料袋等垃圾应单独存放，保持场馆整体的整洁程度。

第三节　体育场馆锻炼礼仪

一、游泳池(馆)礼仪

游泳区属于公共场所，在畅游的同时，要保持礼貌、安全和秩序，共同营造良好的游泳环境，注意人身安全。

(1)第一次进入校园泳池，务必仔细阅读相关管理规定，了解相关安全事项。

(2)泳池要求游泳者穿着泳衣、泳帽和泳镜。所有的游泳池都或多或少含有消毒剂，戴上泳帽和泳镜可以有效保护头发和眼睛。泳池内不允许使用脚蹼和桨等游泳设备，以免伤害他人。

(3)初学者必须了解所处的泳池和水域情形，并在教练或同伴的陪同下学习游泳。

(4)不要冒着砸到别人的危险做跳水动作；不要在泳池进行潜泳行为，一旦被水面上的人蹬到，很容易被水呛到；不要在泳池内互相泼水或玩闹，以免影响其他人游泳。

(5)入池前先淋浴，把脚弄湿消毒。请不要随地吐口水，并注意游泳池周围的卫生。

(6)水线是游泳池底的池壁上的一条线，是为了让游泳者标示自己的泳道而贴出来的。游时在水线的靠右边，这也是国际规则。这是为了避免在超过时相互接触。在水道里请注意不要逆向游，不要横着游，也不要横在水道上游，游的时候不要突然停下来。

(7)游泳运动员的速度各不相同，后下水的人比前面下水的人游得好是常有的事。超过时轻触前方人的脚部，从内侧超，不要撞到对方，并确保有足够的空间继续前进。

二、健身房礼仪

现在很多学校都有体育馆，功能齐全，布局美观，学生去体育馆锻炼已经成为校园休闲生活的一部分,即使是在学校,也要遵守礼仪,主要注意以下五点。

(1)一定要了解设备的性能。为了安全、顺利地达到锻炼效果,务必要在接触本设备前阅读本设备的相关使用说明,或咨询了解本设备的人员。

(2)请勿长期使用设备。很多同学喜欢在运动高峰期一直使用器械,其实健身要综合选择不同的器械进行锻炼,才能达到好的效果。

(3)擦去设备上的汗水。汗水难免会弄脏运动时使用的健身器材,所以要自带毛巾或用健身房提供的一些物品擦汗。也可以在使用前将自己的毛巾垫在下面,以避免与设备直接接触。

(4)不要大声喧哗。健身房是锻炼身体的地方,也是公共场所,很多人在锻炼的时候总是发出很大的声音,这都是影响他人健身体验的行为。

(5)不乱扔垃圾。离开训练区时,要保持清洁,不要遗留食品包装纸、水瓶、纸巾等物品。

第四节 校园运动员礼仪

校运动队的运动员必须严格遵守学校的管理规定,作为校运动队的一员,肩负着重要的职责和责任,是一道亮丽的风景线。

一、校园运动员比赛场下的礼仪修养

(1)高素质、高修养的校园运动员无疑对校园体育的发展起到很好地推动作用,而礼仪就是这种素质和修养的体现。校园运动员礼仪守则主要指:生活在同一校园内,不同运动队之中的群体成员间与教练员、裁判员、观众、媒体,甚至与同学等关系之间共同形成的一套用于进行社会正常交往礼仪和日常校园生活规范的社会行为规范。校园运动员必须懂得尊重礼仪、知晓礼仪,不仅能从中体现自己个人修养,增加个人魅力,还能真正得到大众的认可支持和尊重,有助于整个校园体育精神和体育文化的有效弘扬和传播。

(2)遵纪守法,言行有度。在校园里,运动员必须遵守校纪校规,在校内公共场所必须严格要求自己的着装、仪表、言行举止,做到内心有纪律,言行有节制,充满活力和精神。

(3)按时参加训练和比赛,训练不迟到早退。

(4)参加运动训练要积极、专注。如果在练习中与队友发生冲突,应相互理解、礼貌道歉,或以其他方式表达歉意和维护友情。

(5)爱护公共财物和训练器材,训练结束后带走随身携带的物品,收集身边的垃圾,保持场地清洁,不给场地带来污染。

(6)教练员不在时,自觉加强自制力,服从队长指挥。

(7)参加比赛要珍惜学校声誉,珍惜机会,坚持自我,争取优异成绩。

二、校园运动员比赛场上的礼仪修养

学校体育比赛中的礼仪内容很多,有运动员之间、运动员与裁判员之间、运动员与观众之间等多个方面。教师要教育学生自觉遵守体育礼仪。在比赛前运动员要向裁判员表示敬意,比赛结束应向裁判表示谢意,在比赛中要服从裁判,如果对裁判的判定有异议,要心平气和地向裁判寻求解释。如果裁判坚持判决,运动员必须服从判决。赛后可向大会仲裁委员会申诉,切不可失去理智在赛场上对裁判做出无理行为。在对抗性较强的比赛中,双方队员不可避免地要发生一些身体碰撞或利益冲突,对此双方队员都要克制自己的情绪,理智对待,不要采取报复手段使矛盾尖锐化。侵人队员应及时向对方表示歉意并举手向裁判示意,被侵队员应该宽宏大度,接受对方歉意使比赛继续顺利进行。运动员在观众的加油声中不能过于兴奋,使动作粗野无礼,也不要受某些观众不礼貌行为的干扰,要保持理智态度,比出高水平、赛出好风格。运动员不能因为比赛取胜无望而失去信心,以致应付比赛或中途退出,这种比赛这有悖于体育运动的宗旨,在双方实力相差悬殊时,强队不能敷衍比赛更不能戏弄对方。双方队员都要认真比赛,礼貌对待双方队员、观众和裁判,保证比赛圆满结束。

第五节 体育课堂常规礼仪

体育课是学生完成体育学习任务的主要场所。在我国,体育课从小学到大学都有。加强体育课常规礼仪教育是培养体育礼仪素养的关键，必须贯穿体育课的始终。

一、规范体育课堂礼仪的主体

学校是社会主义精神文明和物质文明建设的重要窗口，教师肩负着培养德、智、体、美、劳全面发展人才的重要责任。作为形成和培养人才的重要手段和形式，体育课对丰富学生的体育知识、提高学生的运动技能、增强学生的体质和健康起到了重要作用，同时也是学生们增加智力、锻炼意志力的重要途径和重要载体。体育教师是学校体育活动和体育课堂活动的组织者和监督者，也是规范体育课堂礼仪、加强体育礼仪建设和形成的主体。因此，树立良好的体育教师形象对于提高教学质量和顺利完成体育课教学这一任务来说十分重要。

三、规范体育教师的礼仪

（一）道德方面

教师始终是学生学习知识和人生发展的重要教育引路人。只有始终用无私而奉献爱心的专业精神来感染熏陶学生，以高尚优秀的教育品德去感化学生，以专业深厚扎实的理论知识来培养教育学生，以无私真挚博大的爱来温暖感染学生，塑造培养学生优良健康完善的精神人格，教师才能发展成为我们真正最优秀的职业，才能带领学生驰骋在知识与智慧的海洋。体育教师作为人类灵魂教育的工程师，要先具备社会公德价值观和专业的职业道德价值观。

1. 体育教师的社会公德

社会公德有广义和狭义之分。广义的社会公德是指反映阶级、民族和社会共同利益的道德。它包括社会具体提倡和强制执行的法律等道德要求。狭义的社会公德是指人类在长期社会生活实践中逐渐积累起来的、为社会生活所需要共同遵守的、为维护社会的利益而约定俗成的行为规范和准则。社会公德是人类在社会生活中根据共同生活的需要而形成的。它作为一种无形的力量限制着我们的行为，对维护社会秩序、规范人与人之间的关系起着重要的作用。身为文化科学和文明道德的传播者，教师必须具有良好的社会公德。

(1)文明礼貌

在日常生活中，举止文明，待人有礼，和睦相处，是为人处事的基本要求。教师要善待学生，尊重每个学生高尚的人格，决不能嘲笑学生或故意讽刺学生。对低年级容易犯错的学生要多一些耐心和教导，不能体罚或变相体罚。同时面对学生打招呼时，也要回应"早上好"或点头、微笑等。同事之间要懂得互相帮助，和睦相处。家长来校，教师要热烈欢迎；家长进办公室，教师要起立迎接，让座，倒茶。与家长交流时，语气要温和、有礼貌、真诚。

(2)爱护公共财产

爱护公物是社会公德中很重要的一部分，在公共场所要特别注意。作为一名教师要牢记，公物不能私自窃取，不能独占或挪用。在公共场所活动时，必须爱护建筑物和公共空间，避免到处雕刻、涂鸦和污渍。爱护公共桌椅、公用电话等公共物品。教师不仅要保护公共财产，还要带头打击破坏行为。

(3)遵纪守法

法律是对个人行为的约束和规范，是道德行为的补充和完善。自觉遵守法律法规是社会公德最基本的要求。作为教师，必须按法律规定办事、遵守法规和制度，自觉增强法律意识，提高法纪观念，始终用法律法规来指导和约束自己的行为，自觉履行法律法规规定的义务，勇于巧妙运用法律武器，同各种违法违纪行为作斗争，并正确运用法律手段维护自身的合法权益。

2. 体育教师的职业道德

体育教师的职业道德是一种高度标准化、社会化的角色道德，是指体育教师在工作中与学生、家长、单位交往必须自觉遵守的职业道德规范。

(1)教师的道德任务是教书育人

"教书育人"是一名教师应有的教学基本职责，也是教师职业道德要求的道德核心。教育是一项面向现代化、面向世界、面向未来的伟大工程。体育教师的主要任务是通过体育教学和体育锻炼向学生传递体育教育和健康信息，提高学生的健康水平，强化学生的身体机能，培养坚强的意志和人格。同时，把爱国主义的精神文化教育、社会主义现实价值体系教育、思想品德价值观建设与教育科研活动有机地结合，巧妙地融入学生的日常生活与体育传统课程的教学环节中，让体育的文化教育、知识等教育科研活动和中国传统学校中德育教育思想相辅相成、相得益彰。

(2) 师德立身之本，以身作则

体育教师自身先要有高尚的人格和品德，才有足够的资格教育学生，要以自身为典范，为人师表。体育教师自身高尚的道德素养对学生有很强的示范和渗透作用。体育教师必须以身作则，积极向上，文明举止谈吐得体，严于律己，平等相待，巧妙控制情绪，具有融洽的人际关系和良好的社会适应能力。只有这样才能真正体现教师的品德，做到为人师表。

(3) 教师的道德灵魂是爱学生

热爱学生是教师教学最成功的秘诀，整个教学过程体现了教师对学生的爱。只有充分热爱教育学生，以一份真挚深厚的感情真诚对待所有学生，才能逐步取得全体学生的充分理解信任，才能认真做好今后对学生群体的管理和教育等工作。体育教师应有的教育职责也是要爱学生。只有真正全身心服务到每一位学生身上，才能加强相互学习交流能力；只有真诚全面地关爱着学生，用真情实感打动学生，才能最终在师生之间架起彼此信任的桥梁。维护好学生的师生关系，并赢得学生的尊重、爱戴和欣赏，这样学生才会在轻松愉快的氛围催化下，自觉地、愉快地接受教师的指导，将学习动机转化为自己的迫切需要，而且教师在这种愉快的教学氛围中才能完成良好的教学任务。

(二) 体育教师仪表礼仪方面

1. 仪表

得体的仪表容易让人精神焕发，充满自信，同时也能做到尊重他人；不当的仪表让人显得慵懒、冷漠，甚至不尊重他人。体育老师必须仪态大方，给学生留下好印象。

(1) 头发

体育老师的头发应长度适中，干净整洁，发型简单大方，适合脸型、体型、性别和年龄。男教师不要有鬓角，头发不要太长，前不遮住眼睛，两侧不遮住耳朵，后面的头发也应不及领口。女教师不染发，不做流行的夸张发型，头发披肩可把长发扎起来上体育课，以免影响上课的效果。

(2)脸部

男教师要刮胡子、修鬓角,要精修鼻毛,避免留小胡须与大鬓角。女教师要正确化妆,上课不宜化浓妆,忌喷浓香水。

2. 服饰

着装要根据性别、年龄、身高、胖瘦、肤色、场合、季节等进行调整,强调合身、适时、得体、大方、庄严肃穆的品质。

(1)服装

①正装。正装适合上理论课的体育教师,包括深色制服或套装。

②运动服。体育教师上体育课或进行校外体育活动时,必须穿着运动服。运动服不仅有利于动作示范,也体现了形体的健美感。运动服通常比较宽松、颜色单一,体育教师应根据自己的年龄、性别、体型、肤色等特点选择适合自己的运动服。

(2)装饰品

佩戴得当的配饰可以起到装饰美化的作用,从而更好地体现个性和内在品格。体育教师在校园和公共场所可以佩戴合适的帽子、手套、围巾等饰物,但必须遵守一定的礼仪标准和使用原则。

3. 表情

面部表情可以反映人的心理变化。体育教师的表达方式要亲切、友善、和睦。在课堂上,体育教师的表情要轻松愉快,面带微笑,友善恭敬,营造出和谐的教学氛围。

(1)眼睛

体育老师用亲切、慈祥的目光看着学生,给学生一种亲切、值得信赖、诚实的感觉。教学时,体育教师必须将所有学生置于自己的视野范围内,用眼睛进行捕捉和反馈。体育教师必须能够运用无声的眼神语言作为体育教学的辅助手段。对上课认真、成绩优秀的学生给予肯定和表扬;对缺乏自信的学生,应予以鼓励和督促;过于热情的同学要有所克制;对于不认真对待的学生应该予以警告。

(2)微笑

如果体育老师从上课到下课一直板着脸,学生们就会在不良的情绪下上课,那么这堂课一定会死气沉沉。若体育老师对同学们微笑着上课,学生的心情就会很放松，情绪也变得活跃起来，教学效果将会大大提高。

（三）语言礼仪方面

语言是人表达情绪和相互交流沟通中最基本且重要有效的方式，它是增进人与人交流沟通的一项重要口头工具。教学语言是指教师根据教学内容的需要，用来分享信息、带来经验、交流感情的工作语言。

1. 体育教师的基本用语

（1）礼貌用语

常用的礼貌用语有"你好""打扰一下""冒昧一下""谢谢""没问题""再见"等。体育教学中的礼貌用语是一般礼貌用语和专业用语的有机结合，如"请某某给大家演示一下动作""谢谢某某的精彩介绍"等。

（2）文明用语

对待学生的礼貌用语有"同学你好""希望你继续努力""不懂就问老师""让老师帮忙"，等等。

对于家长来说，礼貌用语有"谢谢您的支持与配合""教育学生是老师的责任""我们来商量教育孩子的问题"等。

2. 体育教师教学语言的要求

语言教学是课堂信息交流的重要工具，体育教师是否正确使用教学语言会直接影响到教学的效果，因此教学语言必须有一定的要求和规范。体育教师的教学语言要求准、精、美、活。

（1）语言准

语言信息的准确性是体育教师开展教学语言的一种基本构成条件，它完全是借由语言学知识系统本身的科学性和准确性来决定的。主要包括以下三点：

①发音准确。教学语言既规范又具有示范功能，所以必须使用普通话。我们所说的口语是普通话口语，不是地方语言的口语。

②标准语体。科学语体、文学语体、政论语体是教师最普遍、最常用、最基本的语体。它们不仅具有口语体的文体特征，如白话、口语化、短句、停顿多、强调的地方有重复等，也具有书面体的特征，如谈话重点突出、完美的结构和精确的修辞。

③达意准。是指传情达意要准确，分析论证要完整，知识的科学性、系统性要突出，符合知识的逻辑性和条理性，符合学生的认知规律和接受能力。

（2）语言精

教师必须在规定的时间内完成分配的教学任务，语言表达要精确，包括以下三点。

①精确。精确意味着用尽可能少的文字传达准确的信息和知识。每节课的教学效果，不在于教师讲了多少，而在于教师所用的语言是否能够传情达意。

②简洁。语言短小精悍，易于突出重点，以达到理想的教学效果。有的教师怕学生听不懂，就把自己认为重要的地方讲了一遍又一遍。事实上，反复地刺激不仅不会强化印象，还会导致大脑排斥它。

③精彩。精彩的语言有利于激发学生的求知欲，能使学生对本学科产生一种特殊情感。精彩的语言富于启发性，可以化抽象为形象，化深奥为通俗，化枯燥为有趣，使课堂教学变得活跃而富有成效。

（3）语言美

美既是一种艺术观念，又是一种效果。教师要有效地完成教学任务，语言的表达要体现美感。语言美包括以下三点。

①通俗。通俗的教学语言有助于提高教学效果，达到深入浅出、雅俗共赏的艺术理解。

②生动。普通人可以用语言表达自己的思想，但很难让语言"活"起来。生动的语言不仅可以反映教师的语言水平，还可以反映教师掌握语言的能力，这往往需要长期的教学实践。

③和谐。和谐是指教师语言准确清晰，讲解流畅顺达，形式内容统一，师生交流融洽的一种氛围。

（4）语言活

①注意穿插。如果学生长时间坐在教室里，通常接受听觉刺激，久而久之就会感到厌烦。因此，要注意语言与肢体语言、板书之间、音视频之间的结合运用，用视觉体验来缓解听觉压力。

②善于变位。教师的角色要从讲师转变为听众，促进了师生之间的双向交流。

3. 体育教师教学语言的特征

体育教学环境与普通课堂完全不同。因此，体育教师的教学语言具有以下特点。

(1)准确性。体育教学语言的准确性主要体现在理论知识的拓展、动作要领的讲解、错误动作的分析与纠正、发布口令等方面。比如在讲解单手传球的分解步骤时，本质上可以归纳为"转体、摆手、摆腕、拉指"。这8个字形容得恰到好处，表明了行动的过程和发力的要素。只有使用准确的语言才能促进学生的记忆和技能。

(2)精炼性。体育课学习的重要特点主要是让学生少说多练，所以教师给予的课程讲解内容要尽可能简明扼要，突出课程重点。简短精炼的课程讲解方式主要突出语言的概括性强和方法的科学性，使学生可以一听即能懂，易于学习理解和巩固记忆。例如，在现场使用教学铅球时，采用"蹬、转、起、伸、挺、动"的方式来进行教学讲解，结合教学动作的示范，使现场学生易于快速学习理解，并快速记住现场的动作，创建出正确的操作概念和清晰的运动形象。

(3)形象性。这一特性是指教师在讲授一些抽象的东西，如技术上必备知识和技术规范，通过适当的比喻方法清楚、具体地去解释，以增加学生的学习兴趣。例如，在做跳跃练习中，使用轻腾空时"身如燕子"，落地时"稳定如山"的解释，有利于学生理解和掌握运动技能。

(4)启发性。体育教师也要时刻注意将激发学生创新的思维活动形式与体育锻炼项目紧密结合起来，充分利用学生已有的知识、经验和表象感知，采用提问、分析、对比等方式，启发学生的积极思维，让学生在练习过程中自觉发现错误动作并加以改正，培养其分析问题和解决问题的能力。

(5)时效性。在教学立定跳远时，在腾空中要及时发出"挺身"的指令；在教短跑的折叠前摆动作时，及时发出"前摆"的口令。当学生在练习中出现错误时应及时纠正。

(6)指令性。指令性主要指的是教学口令，它几乎贯穿于整个体育教学过程。例如团队建设、组织学生练习等，都需要使用教学口令。因此，在使用时，体育教师要声音洪亮、发音清晰、准确、有力。

(7)调节性。体育教师要重视语言在教学中的调节作用。例如，在体操跳箱技术教学中，教师轻松自如的示范技术，亲切地对学生说"不要害怕"，可以稳定情绪，增强信心；当学生跳过箱子时，教师表扬他们"做得好"，可以起到鼓舞士气的作用。

(四)行为礼仪方面

1. 体育教师与学生交往的基本行为礼仪

师生关系一直是学校里面最重要的人际关系，体育教师们在日常与学生们交往时应注意以下几点。

(1)尊重学生人格。教师与学生打交道时要尊重他们的个性。任何情况下都不得使用刻薄的语言讽刺、挖苦、嘲讽、攻击学生。即使学生犯了错误，教师批评时也要以事实为依据。教师的一言一行都会对学生稚嫩的心灵产生很大的影响。对教师做行为礼仪的规定，是职业要求使然。

(2)融洽的师生关系。由于体育教学的规范性特点，体育教师很容易与学生进行交流，因此更容易建立和谐的师生关系。在交流过程中，体育教师要主动了解学生基本情况。比如专业情况、运动能力、个体差异、运动爱好、对教学过程的满意度等，以便更好地与学生进行沟通。经验证明，如果师生关系融洽，学生就会变得听话，教学过程也会变得更加顺畅。

(3)维护学生安全。体育课堂是学生活动的课程，有时学生会表现出犹豫、恐惧、不自信等弱点。所以体育教师要鼓励和支持学生，注意保护学生，杜绝伤害事故。

2. 体育教师与学生交往中的禁忌

(1)切忌冷漠鲁莽。教师常常被称为人类最崇高的职业，因为他们担负着把人类文明传授给新一代的神圣使命。教师首先应该意识到，对学生的冷漠无异于否定自己职业的神圣，一个态度冷漠的教师是无法激起学生对他的信任和爱戴的。

(2)忌傲慢无礼。体育教师不能对学生傲慢无礼，只有没有自我修养的教师才会这样。教师的无礼或许可以暂时管住学生，但这种方式永远笼络不了学生的心。

(3)避免过分偏爱。学生中有好学生，有一般学生，也有差学生，但再差的学生，还是期待着教师的关心和帮助。如果体育教师过于偏袒运动能力强的学生而忽视运动能力弱的学生，就会极大地损害学生的自尊心，造成师生间的疏远和对抗，造成学生因此而自卑。

第七章

体育工作的常用礼仪

第一节　体育仪式礼仪
第二节　体育会议礼仪
第三节　体育签字仪式礼仪
第四节　体育外事礼仪

体育工作的一个重要特点就是对外交流，所以重视和尊重礼仪是每一位体育工作者和每一次对外体育活动都必须注意的事情。严格、规范、内容丰富的体育礼仪，对大多数体育爱好者来说，具有巨大的感染力、强烈的动力和深刻的情感刺激。特别是一些大型体育赛事的火炬传递、授冠仪式、开幕式和闭幕式，不仅体现体育文化的精髓，也是体育运动延续和可持续发展的重要载体。因此，本章主要介绍体育仪式礼仪、体育会议礼仪、体育签字仪式礼仪和体育外事礼仪。

第一节 体育仪式礼仪

一切健康的、积极向上的文化活动，都是在礼仪和颁发仪式规范的条件下进行、完善和发展的，体育活动就是最好的例子。

一、体育表彰仪式礼仪

（一）会场布置

（1）场地应选择在较大的室内外场地。主席台或背景电子屏应有专业人员根据活动的实际需要设计相应的活动名称、会议标志、口号等，计划好后，还应逐一落实以保证顺利执行。

（2）看台备有活动用桌椅，桌上放有主席姓名的座次牌。也可以直接在前面或侧面设置一个发言席。

（3）获奖者一般安排坐在礼堂前排。

（4）整个仪式要提前排练。

（二）活动程序

（1）宣布表彰仪式开始。播放欢快的音乐，隆重的场合可以安排乐队奏乐，乐曲的选择应该根据表彰活动之需，认真选择。

（2）主要领导人讲话。

（3）宣布受表彰的团体和个人名单。

(4)颁奖。

(5)获奖团体或个人代表发言。

(6)其他代表发言。

(7)表彰仪式结束。

(三)主持人礼仪

主持人须根据表彰仪式的定义和范围以及领导、嘉宾的出席情况安排;主持人可以是参加仪式的单位党政负责人。主持人必须了解所有情况仪式的各个方面和程序;主持人主持仪式时要充满活力和热情,要考虑台上台下的方方面面,审时度势,随机应变,使活动自始至终保持隆重、热烈的气氛。

(四)发言人礼仪

(1)根据仪式需要着装,整体上整齐、大方。

(2)神态自然,步履稳健。讲话时身体要挺直,不要趴在讲台上,也不要靠在椅背上。

(3)注意节奏,说话要有激情。

(五)颁奖程序

颁奖是体育仪式的高潮部分,如果组织不当,很容易造成混乱,要特别注意下面三点。

(1)按照获奖者上台的先后顺序,提前整理奖品和颁奖的顺序。颁奖时,工作人员按分工专门递送,确保现场热烈、欢快、有序。

(2)分发和领取奖品时必须用双手。

(3)如有新闻单位需要留影,则在颁奖全部结束后,把受奖者排在前排,为摄影、摄像提供方便。

(六)受奖者礼仪

(1)衣着整洁、大方、端庄、自然。

(2)在上台领奖时要按次序入场,不能左顾右盼,也不要粗鲁无礼。

(3)领奖时面带微笑,双手接奖杯,表示感谢。之后向观众鞠躬,举起奖杯向观众致意。

(4)致谢时,要注意各方面的感谢,不要过于谦虚客气。

二、体育赛事礼仪

(一)开幕式礼仪

(1)主持人宣布开幕式开始。此时可安排锣鼓表演或音乐,来营造隆重、热烈、喜庆的开幕气氛。

(2)介绍重要嘉宾名单。政府部门有关负责人、社会名流、同行业领导、新闻单位等为开幕式增添气氛,为开幕式增光添彩。

(3)宣读贺词。表明活动的重要性和作用,并提出要求、希望和预祝赛事成功等。

(4)举办赛事的主办方致辞。承办单位领导介绍本单位概况、本次活动筹备情况,并对各位来宾表示欢迎。

(5)运动员、教练员、裁判员宣誓。

(6)上级领导宣布赛事开始。

(7)主持人宣布开幕式结束。

(二)闭幕式礼仪

(1)主持人宣布闭幕式开始。

(2)介绍重要嘉宾名单。

(3)裁判长宣布比赛结果。

(4)颁发奖项。

(5)有关领导讲话。主办方领导对赛事的过程、意义和运作进行了总结,对获奖团队和个人表示祝贺,对参赛运动队和主办方表示感谢。

(6)上级领导宣布赛事结束。

(7)主持人宣布闭幕式结束。

第二节 体育会议礼仪

运动会礼仪是指参加者在赛前、赛中和赛后应注意的职业礼仪规范，是体育从业人员必须掌握的基本礼仪。了解体育会议礼仪，有助于开好会议，贯彻会议精神。

一、会场布置

体育会议场所的环境准备可以为会议的成功打造良好的氛围。一般包括会议标志、旗帜、会议名称、会议旗帜的悬挂、花艺布置、演讲台的布置（包括桌布的颜色）和会议主要成员的座位安排等。除此以外，礼宾台的位置选择都要慎重考虑，妥善安排。

二、座次安排

各种会议和聚会的座位安排必须遵守的礼仪规则一般是：以右为上（按国际惯例）、以中为上（中间高于两侧）、前排为上（适用于所有情况）、以远为上（远离门）和面对门为上（视野开阔）。

主席台座位按照中国惯例，以左为尊，即左在上，右在下。

场馆布置主要分为：相对式、全围式、半围式和分散式。每一个形式都有独特的特点和使用规矩。

（一）相对式

主要特点：主席台和代表（观众）座位面对面。这种形式由于主席台的设置，突出了主席台的重要地位，使整个会场的气氛显得庄严肃穆。如果主席台上坐的人数是奇数，那么1号领队在中间，2号领队在1号领队的左边，3号领队在右边，其他依次排列。如7位领导，从台下（面对面）的角度看，是7、5、3、1、2、4、6的顺序。有些时候，座位安排的人数的数量是偶数。其具体安排如下：1号领队和2号领队同时居中，2号领队在1号领队的左边，3号领队在右边，以此类推。从观众的角度来看，顺序是7、5、3、1、2、4、6、8(图7-1)。

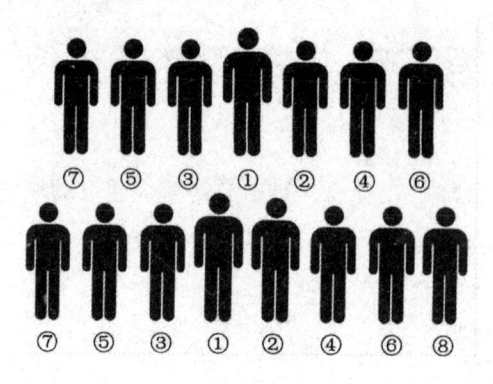

图7-1 领导安排示意图

(二)全围式

主要特点：会场内没有设置专门的座椅，所有与会者都坐在一起，呈圆形、椭圆形、长方形、多边形等，这种布局一般适用于小型会议和讨论。协商可以拉近参会各方的距离，容易形成和谐的合作氛围，体现平等和相互恭敬的精神。

(三)半围式

主要特点：介于相对式和全国式之间，即参会人员座位布置在主席台的前部和两侧，既强调了主席台的重要位置，又形成了一个整体。适合中小型会议的半封闭式布局。

(四)分散式

主要特点：将会议厅划分为几个中心，参会人员根据具体安排坐在相应的座位上。强调主桌的地位和作用，增加参会人员互动交流的机会，使会场气氛更加轻松自在。

(五)有沙发的接待室

接待内宾座次设置是：面对门而坐，上级领导坐右边，主方领导坐左边(图7-2)。

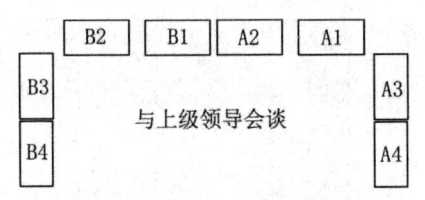

```
        B2   B1   A2   A1
     B3                     A3
            与上级领导会谈
     B4                     A4
```

注：A为上级领导，B为主方领导

图 7-2　接待内宾座次安排示意图

会见外宾的座位安排如下：对门而坐，左客右主。如需口译和录音，分别安排坐在客户和主人后面(图 7-3)。

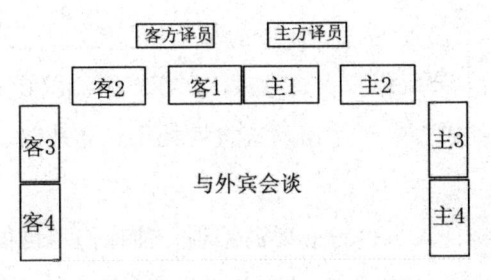

```
           客方译员   主方译员
      客2    客1    主1    主2
   客3                          主3
              与外宾会谈
   客4                          主4
```

图 7-3　会见外宾座次安排图

（六）会议室长条桌式

会议室长桌的座位安排要看人数，通常小型会议的座位安排比较简单。

第一种：双方落座时，一侧面向正门(客人，上座)，另一侧面向正门(主人，下座)。客座人员的座位顺序以"以左为尊"的原则，东道主人员的座位与客座人员的座位相对应(图 7-4)。

```
   | 7 | 5 | 3 | 1 | 2 | 4 | 6 | 8 | 客
              桌
   | 7 | 5 | 3 | 1 | 2 | 4 | 6 | 8 | 主
```

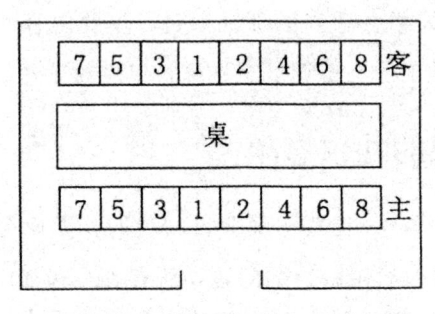

图 7-4　长条桌式会议室座次安排图(一)

第二种：双方坐在房间的两边，面对面而坐。在这种情况下，以进门时右侧座位为上座(客人)；左侧座位为下座(主人)(图 7-5)。其他同上。

```
   主        客
  ┌─┐      ┌─┐
  │3│      │3│
  ├─┤ ┌─┐  ├─┤
  │1│ │桌│ │1│
  ├─┤ └─┘  ├─┤
  │2│      │2│
  ├─┤      ├─┤
  │4│      │4│
  └─┘      └─┘
```

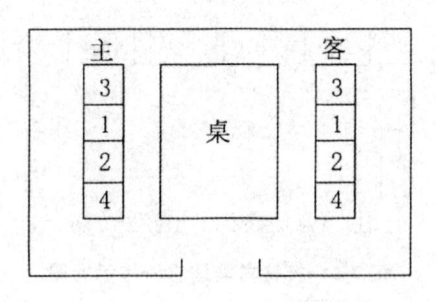

图 7-5　会议室长条桌式座次安排图（二）

三、会议接待

从会议筹备开始，要组织专人负责接待工作，重点做好以下工作。

（1）要指定专人或成立专门小组，选拔懂礼仪、守礼仪、业绩过硬的人负责接待工作。

（2）在会议前对接待人员进行必要的培训，使他们尽可能多地掌握接待礼仪和会议信息，如了解会议范围、引导来宾、会议介绍等，或引领客人，安排客人的住宿和膳食等。

（3）要为会议期间的活动准备好行程表，以便有条不紊地完成各项接待工作，通常包括：介绍来宾的基本情况，拟定来宾名单，包括姓名、性别、年龄、国籍、单位、部门、职务。

（4）会议期间，应明确客人主要参会内容和要点，特别是重要客人的行程计划和要点，做好出行路线的后备计划。

（5）在工作时期，要举办适当的训练项目，主要内容便是为妥善应对员工的紧张感和兴奋感，将员工的心态调节至最好，以应对工作时出现的突发事件。

四、会议组织的礼仪事项

（1）在组织会议之前，一定要明确会议的目的。无论会议规模大小，都应该有明确的会议主题和需要讨论解决的问题，所有参会者都应该提前做好准备，如必须让参会人员知晓的会议资料，要及时分发，并指导参会人员阅读。

（2）必须明确参会人员范围。一般的会议参与者包括发起人、主办方、相关会议人员以及记录者。参会人员的规模取决于会议的主题、性质和目的。参会人员过多，意见因多而散，难以形成统一意见，也容易耽误会议进程；如果参加人数太少，就不能有效地收集意见。

（3）会前准备。会前准备工作包括：分发会议请柬，通知内容包括时间、地点、议题、参会人员、议程及所需时间、会议要求等。会议室设计是对会议室内确定位置、材料，张贴宣传条幅，设置会议桌以及选择照明、音响、空调等电子设备。

（4）会议过程中，要处理好会议主持人的统筹工作，并合理安排好会议议程的先后顺序，将主要话题讨论放在最前边。召开大会前，发言人注意根据会议主题发言，同时掌握好发言时机。有的会场配备了闹钟、提醒等装置以控制时间，当发言人离题较远时，主持人还能够提示并控制。

（5）会议后，督促记录人员及时整理编制会议纪要，报有关领导审阅下发。

（6）会议最后形成的文件要及时归档。

第三节　体育签字仪式礼仪

签字仪式是一个正式的、重要的场合，必须讲究礼仪，尤其涉外签字仪式更是如此，体育活动也不能例外。

一、签字仪式的概念

为使有关各方重视、遵守、履行协议，在签署协议时可举行签字仪式，即签约。

二、签字仪式的礼仪流程

（一）签字之前礼仪

（1）整理签约厅。签约厅有的是永久性的，有的是由会议室、会客室临时改成。布置的总原则是庄重、整洁、安静。正式的签约台宜采用长桌，最好用深绿色的桌布遮盖。

签约桌横放在房间内，后面可放置适当数量的座位。签字人就座时，一般应面向正门。所要签署的合同文本必须事先放在签字台上，还有签字笔、取墨器等文具。与外方签订对外合同时，双方的国旗也必须放在签约桌上。国旗插的位置和顺序必须符合礼仪要求。例如，在签订双边对外协定时，有关各方的国旗必须放置在该方签字国的座位前。

（2）通知签字人及其他参加签字仪式的人员，并提前将签字仪式的时间、地点通知双方相关人员。

（3）签到时安排座位。签到地点安排有三种不同形式，适用于不同的特殊场合。

①并列式排座方式。这是双边签约仪式最常见的形式。将签约台横放在门对面，所有参加仪式的人在签约台后面落坐；双方签字人员居中面对门而坐，客方居右，主方居左（图7-6）。

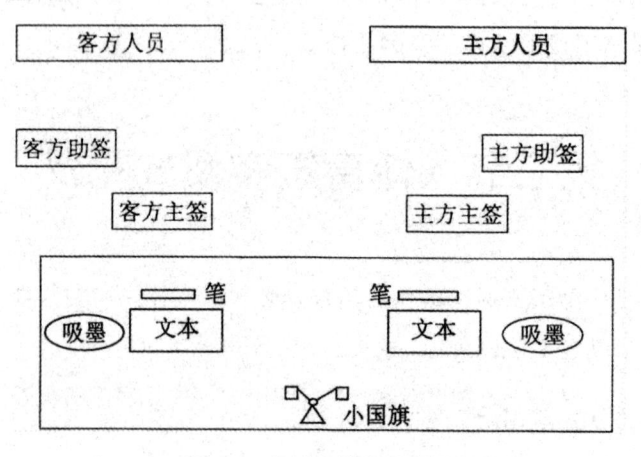

图 7-6　并列式排座示意图

②相对式排座方式。与并列式签约仪式的排座基本相同。二者之间的主要差别只是相对式排座将双边签约仪式的随员席移至签约人的对面（图7-7）。

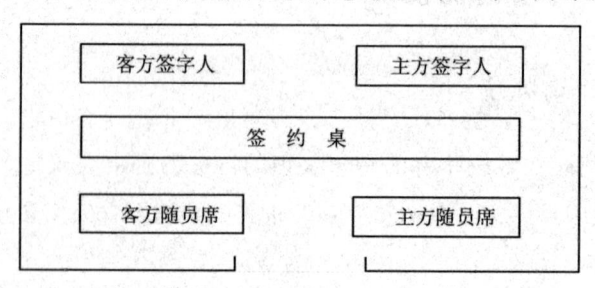

图 7-7　相对式排座示意图

③主席式排座。适用于多边签约仪式。即签约桌须在室内横放,签约席须设在桌后面对正门,但只设一个,并且不固定其就座者。举行仪式时,所有各方人员,包括签约人在内,皆应背对正门、面向签约席就座。签字时,各方签约人以规定的先后顺序依次走上签约席就座签字,然后退回原处就座。

(二)签约仪式之中礼仪

(1)参加签约仪式时,双方地位最高的人在中间,面向主会场,客方在右边,东道主在左边,站在签约台后面。

(2)双方到场后,双方签字人员面向各自国家国旗就座,双方助理站在签约人一侧。

(3)主持人宣布签约仪式开始。双方签约助手打开签约文本,指向签名位置。签约人正式签署合同文本,签约完成后,双方签约人起立握手,交换文本。出席仪式的其他人鼓掌祝贺。

(4)签约仪式如安排以红酒举杯祝贺,服务人员应在签约时,先将酒杯送到参加仪式的人员手中,待签约完毕交换文本后及时将酒杯送给双方签约人,同时举杯祝贺。

(5)主持人宣布签约仪式结束后,东道主应送客方到签约大厅门口并握手告别。

第四节　体育外事礼仪

体育作为"世界通用语言"的共同特点,在公共外交中发挥着独特作用,对塑造和传播国家形象有着重要责任,体育外事礼仪是体育外交的名片和通行许可证。

一、礼宾次序

所谓礼宾次序是指在国际交往中,按照一定的规则和习惯,对参加活动的国家、团体和人员进行排列的顺序。礼仪的先后顺序体现了主办国家对客人的礼貌。

(一)礼宾次序排列依据

(1)按客人的身份和职务高低排列。在国际惯例,礼宾顺序主要按客人的身份和职务高低排列。

(2)按字母顺序排列。在一些国家中,外国贵宾的礼宾顺序还可通过名字中的字母顺序排列(一般以英文字母为准)。

(3)以代表团发布公告之日为准,这也是常用的排序安排之一。

(4)没有正式排序。实际上,这是一种特殊的排列形式。在接待多方外事时,这种排列顺序主要适用于如下两种情况:一是不必按顺序排列;二是很难以任何方式安排。

(二)礼宾次序排列要求

(1)在一般的社交场合,依照国际惯例:排序是右高于左。

(2)特定场合的特殊要求有四点需要注意。①两人同行时,以右手边为尊;三人以上同行时,以中间的为尊;前后行,以前者为尊。②迎宾引路时,志愿者走在客人前面一米左右。③在上楼时,尊者在前,下楼时则相反。④在房间里,朝南或对着门的座位是最尊贵的座位。

二、外事迎送礼仪规范

迎宾与送客作为外事接待工作的两个组成部分,在整个涉外活动中极为重要。

(一)迎送规格的确定

招待来宾的标准通常是基于访客的身份、访问的性质和目的,同时兼顾国与国之间的关系和国际惯例。

确定迎接人员派遣等级主要是为了决定来宾人员的等级。接待客人的礼仪要求一般按照主管部门的接待规定进行。主迎人员通常与来宾地位基本相等,如由于某种情况而无法完全相等的,也可以由身份地位相似的人或后补人员出面。总之，主角的地位与宾客的地位不能相差太大，应该与宾客相对应，公平对待以表示对宾客的敬意。当事人不能出席的，必须向对方予以说明。特殊情形下，如外交关系良好或本国政策需要，也可以打破常规，在欢迎和送行仪式上，安排较大的迎送场面，给予较高的礼遇，但也要量力而行，不能产生区别对待的现象，以免产生不必要的误会。

（二）掌握抵达和离开的时间

为保证迎接来宾相关事宜顺利进行，接待工作人员应当及时掌握来宾所乘飞机（火车、轮船）的抵达和离开日期，如有变化，应当及时告知。如果遇到不可抗力因素，如当地气候变化可能出现接机延误或返程时间延长等需提前做好各项准备工作，不得让客人久等或耽误其行程。

（三）献花

给外宾献花是一件很有礼貌的事项，但是一般普通外国人不需要献花。献花要用鲜花做成的花束，花束要整齐、鲜艳，花束的选择应考虑不同的国家适宜送何种花束。献花应在出席欢迎仪式的首席执行官与客人握手之后，拿到献花并向客人致意。

（四）互相介绍

客人在和迎宾员见面时应互相介绍。通常先介绍主人给客人，也可能由礼宾人员、前台翻译或前台工作人员介绍，有时也会自我介绍。当客人第一次到访时，他们通常会比较谨慎，所以作为主人也应该主动迎接客人。

（五）迎送中的陪车

接送车辆要提前安排好，不要临时派出，给人一种紧迫感。宾客到达后，从抵达地点到住处，或从住处到机场、车站、港口等，一般要进行迎宾工作。上车时，通常需要客人从右边的车门上车，主人从左边的车门上车。

参考文献

[1]于载欣. 休闲体育服务与管理专业岗位礼仪[M]. 桂林：广西师范大学出版社，2019.

[2]《青少年体育比赛中应该懂得的礼仪》编写组. 青少年体育比赛中应该懂得的礼仪[M]. 广州：广东世界图书出版公司，2010.

[3]赵景卓. 体育观赛礼仪[M]. 北京：中国物资出版社，2008.

[4]周明，王敬红，胡文武. 学校体育礼仪研究[M]. 北京：中国商务出版社，2020.

[5]李书泉，孙春艳，居阳. 高校体育礼仪与体育安全[M]. 哈尔滨：黑龙江人民出版社，2019.

[6]岳晓燕. 礼仪中的体育[M]. 北京：人民体育出版社，2019.

[7]李柠，赵刚. 走进北京冬奥相约礼仪中国[M]. 武汉：华中科技大学出版社，2022.

[8]李永霞. 中职体育公共关系与礼仪教程[M]. 哈尔滨：哈尔滨工业大学出版社，2017.

[9]郭玉. 体育礼仪的思想政治教育功能研究[D]. 吉林大学，2020.

[10]曹书芳. 文化强国视域下体育礼仪的培养路径研究[J]. 青少年体育，2020(01)：29-30.

[11]于君. 基于儒学的高校体育礼仪文化意蕴研究[J]. 教育教学论坛，2020(02)：71-72.

[12]韦海琼. 体育运动中的艺术美解读——评《现代体育礼仪》[J]. 江西社会科学，2017，37(06)：266-267.

[13]张泽昌. 浅谈体育赛事观众观赛礼仪[J]. 当代体育科技，2017，7(16)：232-234.

[14]贾新建．现代体育竞赛的传统礼仪文化探讨[J]．体育世界(学术版)，2016(11)：33-31．

[15]陆剑．让礼仪之花在体育课堂尽情绽放[J]．青少年体育，2016(07)：104-105．

[16]李笑南．高等体育院校开设体育礼仪课程的探讨[J]．体育师友，2016，39(02)：65-67．

[17]唐荣．中学体育礼仪教育的价值及实施途径探索[J]．科教导刊(电子版)，2019，(5)：226．

[18]苏醒．中国传统体育礼仪的发展现状及对策[J]．快乐阅读(下半月)，2023，(1)：55-57．

[19]陈宝珠．亚运会背景下体育礼仪培养路径研究[J]．浙江体育科学，2021，(6)：44-47，54．

[20]曹书芳，李霞．体育礼仪教育融入思政教育的路径研究[J]．浙江工贸职业技术学院学报，2021，(1)：39-42．

[21]赵庆文．体育礼仪教育在中学体育教学中的实施与探讨[J]．考试周刊，2020，(82)：123-124．

[22]李丽．会展服务礼仪规范[M]．长沙：湖南科学技术出版社，2005．

[23]于可红，金福春．体育文化概论[M]．北京：高等教育出版社，2004．

[24]易剑东．体育文化学[M]．北京：北京体育大学出版社，2006．

[25]赵红红．现代体育礼仪[M]．杭州：浙江大学出版社，2007．

[26]熊文．竞技体育与伦理[M]．上海：华东师范大学出版社，2008．

[27]许之屏．现代体育礼仪[M]．长沙：湖南师范大学出版社，2010．